U0960024

企业运营模拟指导用书

凌　帅　王　苹
贾　宁　袁学民　主编

天津大学出版社
TIANJIN UNIVERSITY PRESS

图书在版编目(CIP)数据

企业运营模拟指导用书 / 凌帅等主编. -- 天津 : 天津大学出版社, 2023.8

ISBN 978-7-5618-7539-1

Ⅰ. ①企… Ⅱ. ①凌… Ⅲ. ①企业管理－教学参考资料 Ⅳ. ①F272

中国国家版本馆CIP数据核字(2023)第125778号

出版发行	天津大学出版社
地　　址	天津市卫津路92号天津大学内（邮编:300072）
电　　话	发行部:022-27403647
网　　址	www.tjupress.com.cn
印　　刷	北京盛通商印快线网络科技有限公司
经　　销	全国各地新华书店
开　　本	787mm×1092mm　1/16
印　　张	5.75
字　　数	140千
版　　次	2023年8月第1版
印　　次	2023年8月第1次
定　　价	29.00元

前　言

彼得·德鲁克说过,“管理是一种实践,其本质不在于知,而在于行。”亨利·明茨伯格也认为:“管理不是一门科学,也不是一个专业;它是一种实践,基础是经验。”由此可见,积极参与实践活动是对管理理论最好的学习方式。随着社会对人才要求的提高以及大学生就业压力的增大,如何在大学教育阶段提高学生的理论素养,提升学生的认知能力和实践创新能力,已成为高校教师面临的重大课题。但现阶段经济管理专业传统教学模式存在种种弊端,不仅造成教师的角色错位,而且不利于培养学生的思维能力、应变能力、实践能力,扼杀了学生的创新精神。严峻的就业形势和落后的教学现状使得经济管理专业的教学模式必须进行改革,以达到培养社会和企业需要的管理人才的教学目标。

企业资源计划(Enterprise Resource Planning, ERP)是建立在信息技术基础上,以系统化的管理思想,为企业决策层及员工提供决策运行手段的管理平台。ERP 沙盘实际上是将“企业”搬进课堂,通过沙盘模具,再现企业经营管理的全过程。具体操作是将学生分成 6~8 个组,分别代表同一行业存在竞争关系的不同企业,每个组 5~6 人,分别承担企业管理层某一角色的任务,这些角色包括总经理、生产总监、营销总监、采购总监和财务总监等。模拟企业 6~8 年的经营活动,根据市场需求预测竞争对手的动向,决定本企业的产品、市场、销售、融资、生产等方面的长、中、短期策略。每一年末用会计报表结算并分析经营成果,制订改进方案。学生在模拟企业经营实战时,会遇到企业经营中经常出现的各种典型问题。针对出现的问题,学生们必须通过团队合作共同分析问题、找对策、作决策,并组织实施。最后通过教师对每一年经营结果的点评总结,使学生像在真实操作中一样积累一定的经验。

本书侧重于学生对知识的综合运用,为培养其多渠道获取信息的能力,在内容安排上结合了管理学、财务管理学、市场营销学、会计学、生产运作管理、物流管理学等方面的知识。从沙盘模拟本身出发,既讲解了 ERP 沙盘的基本规则、初始状况,又给出了科学的分析评价方法。经营管理分析部分系统讲解了企业经营战略的重要性及如何进行有效的竞争。在企业运营实战中,表格更加实用,归类更加明确,各状态登记更加详细,可有效控制沙盘模拟课程讲授中的控制缺失现象。

本书从前期框架体系设计、大纲的编写,一直到后期的审稿、定稿直至出版,得到了天津大学出版社编辑的精心指导。本书在编写过程中,罗金雨、齐一苇提供了很多帮助,还得到了用友培训事业部同人的帮助和支持。在此,谨向他们致以诚挚的谢意!

由于时间和水平有限,书中难免有疏漏之处,敬请各位专家批评指正。

前　言

目　　录

第 1 章　企业运营管理概述

1.1　企业的概念和分类

1.1.1　企业的概念

企业是一种特殊的社会经济组织，是一个历史的概念，是商品生产和商品交换的产物。由于观察分析企业的视角不同，对企业的定义也众说纷纭。无论对企业如何定义，如果从企业的共性来看，企业是指从事生产、流通或服务等活动，为满足社会需要进行自主经营、自负盈亏、承担风险、实行独立核算、依法成立的基本经济单位。

企业具有以下特征：①企业是社会组织，具有社会性和组织性；②企业是从事商品经营活动的社会组织，具有商品性和经济管理性；③企业是实行自主经营和自负盈亏的社会组织，具有自主性和自律性；④企业是依法设立的社会组织，具有法定性。

1.2.1　企业的分类

（1）按所属行业领域划分可分为：工业生产企业、商品经营企业、服务型企业。

（2）按企业组织形式划分可分为：单厂企业、多厂企业、企业集团。

企业根据组织形式的不同，可划分为单厂企业、多厂企业、企业集团。单厂企业由在生产技术上有密切联系的若干生产部门、辅助生产部门、服务部门和管理部门组成，一般经营领域比较单一。多厂企业是指由两个或两个以上工厂组成的企业，按照专业化、联合化及经济合理的组织原则，将相互间有依赖关系的若干个分散的工厂组织起来，实行统一经营管理。这种形式有利于企业内部的技术交流与合作，有利于生产过程的连续性，比较适用于规模较大的加工装配行业。企业集团是以实力雄厚的企业为核心，以资产为主要纽带，通过产品、技术、经济契约等多种形式，把众多有内在联系的企业连接在一起，形成具有多层结构的企业联合体，由核心层、紧密层、松散层等多层企业组成。

（3）按企业规模大小划分可分为：大型企业、中型企业、小型企业。

企业按规模大小的不同，可划分为大型企业、中型企业和小型企业。划分企业规模的主要指标有企业生产能力、机器设备数量或装机容量、固定资产原值、职工人数等。具体指标标准和内容会随技术水平和行业的不同而有所变化。我国颁布的企业规模划分标准以从业人员数、销售额和净资产总额三项指标为依据，覆盖了工业、建筑业、交通运输、批发零售、房地产、金融企业、租赁企业等多个类型的工业和非工业企业。以金融企业为例，从业人员在 500 人以上、净资产总额在 5 亿元以上的为大型企业；从业人员为 100~500 人、净资产总额在 5 000 万元至 5 亿元之间的为中型企业；从业人员在 100 人以下、净资产总额在 5 000 万元以下的为小型企业。

（4）按企业生产要素结构可划分为：劳动密集型企业、资本密集型企业、技术密集型企业。

生产要素的结构就是不同生产要素所占的比重。按生产要素的结构不同，企业可分为劳动密集型企业、资本密集型企业和技术密集型企业。劳动密集型企业是指技术装备程度较低、用人较多、产品成本中劳动消耗所占比重较大的企业。资本密集型企业是指所需投资较多、技术装备程度较高、用人较少的企业。技术密集型企业是指综合运用先进科学技术成果的企业，这些企业对技术和智力要素的依赖大大超过对其他生产要素的依赖。

（5）按资产所有制形式可划分为：全民所有制企业、集体所有制企业、私营企业、混合所有制企业。

全民所有制企业的特点是生产资料归国家或全民所有。集体所有制企业是指一定范围内的劳动者集体占有生产资料的企业。私营企业是指生产资料由私人单独占有和支配的企业。混合所有制企业是指由两个或两个以上不同所有制的单位和个人共同投入资金、设备、技术和其他资源并通过协议共同经营的企业。

（6）按财产组织形式可划分为：个体企业、合伙制企业、公司制企业。

个体企业指具有民事权利能力和民事行为能力的公民依法独立投资建立的企业。传统上，个体企业的财产属于出资者私人财产的一部分，民事主体是出资者，而不是企业。其优点是组建时的法律登记手续不繁杂，建立和歇业程序简单方便，无须公开任何其不愿公开的项目，保密性强，决策迅速及时，经营方式灵活，有利于竞争。其缺点是出资者的人为因素对企业影响较大，规模小，筹资有限，出资者个人负无限责任即出现企业资产不足以抵偿债务时，出资者个人必须以自己的其他财产去清偿债务，这不利于保护出资者的利益，风险太大；个体企业是以个人信用为基础的，资本的筹集比较困难。

合伙制企业是由两个或两个以上个人共同出资或经营的企业，企业财产归合伙人共有，且共同分享企业经营所得，共同对企业经营亏损来承担连带无限清偿责任。连带无限责任包括两方面：一是无限责任，即合伙人需将企业全部债务如数清偿完毕，当企业资不抵债时，每个合伙人需要以自己的全部家庭财产负责清偿企业债务；二是连带责任，即每一个合伙人对企业的债务都负有全部清偿的责任。合伙企业可以由部分合伙人经营，其他合伙人仅出资共负盈亏，也可以由所有合伙人共同经营。这类企业一般规模较小，在会计师事务所、法律事务所、股票经纪人、零售商店等行业较为常见。

公司制企业是现代企业的主要形式。从对公司制企业的规定和实际情况来看，我国目前公司的组织形式主要是有限责任公司和股份有限公司。一般而言，公司是由两个以上出资者组建，能够独立享有民事权利、承担民事责任的以营利为目的的经济组织。

1.2 企业运营管理

1.2.1 企业运营管理的概念

运营管理（Operation Management）最早被称为制造管理，源于18世纪的亚当·斯密，他认为分工能提高工作效率。与之相近的概念还有生产管理、生产与运作管理、作业管理等，不同的名称反映了不同时代发展的要求。现代的运营管理是指计划、组织、实施、控制生产活动过程，从而高效率地实现组织生产目标，是和服务创造、产品生产相关的管理活动的总称。现代运营管理的内容包含以下四个部分：制定生产运营战略、设计生产运营系统、运行生产运营系统、完善生产运营系统。

制造型运营主要分为连续性生产和离散性生产。其中连续性生产主要就是通过流水线的形式运行，主要特点为生产设施地理位置集中，在生产过程中自动化程度（设备单机生产效率）相对较高，只有保证设备体系正常，才有助于实现对生产工作的协调。所以这种设备的可靠性和生产系统的安全性要求相对较高，应该对设备的可靠性及生产系统安全性进行分析，并针对不同产品的需求合理制订和统筹生产计划。对于离散性生产来讲，其与设施的位置分散，零件加工和产品装配有着密切的联系，要想有效对多样化工作进行调整，则应该围绕产品服务的灵活性进行对比，并针对配件种类多及限制因素多进行优化，提高整体管理成本。

1.2.2　企业运营管理的过程

企业运营管理的过程是一个投入、转换、产出的过程，是一个劳动过程或价值增值的过程，它是运营的第一大对象，运营必须考虑如何对这样的生产运营活动进行计划、组织和控制。

过程管理方法具有与传统管理方法不同的哲理。其基本思想是：从“横向”视角把企业看作一个由产品研发、生产、销售、采购、计划管理、质量管理、成本管理、客户管理和人事管理等业务活动按一定方式组成的过程网络系统；根据企业经营目标，优化设计业务过程，确定业务过程之间的联结方式或组合方式；以业务过程为中心，制订资源配置方案和组织机构设计方案，制订解决企业信息流、物流、资金流和工作流管理问题的方案；综合应用信息技术、网络技术、计划与控制技术和智能技术等技术解决过程管理问题。

企业应用过程管理方法的基本步骤可大致概括如下。

（1）根据市场需求和企业资源特点制定经营目标，建立企业经营目标体系。

（2）识别企业各种具有特定业务功能的业务过程，识别业务过程之间的相互关系、相互作用，识别关键的业务过程，对业务过程进行分析。

（3）按企业经营目标体系，自顶向下，先高层次的过程，后较低层次的过程，进行业务过程优化设计，简化、调整、适当归并业务过程中的操作单元（或作业单元、工序、环节），确定各业务过程的联结方式；对每一业务过程进行定义和描述，确定业务过程的功能目标、投入和产出，确定作为管理重点的关键业务过程；在此基础上建立企业业务过程模型。

（4）以信息的观点把业务过程看作信息收集、传递和处理的过程，应用信息技术，按业务过程设计解决企业信息传输和处理问题的方案。

（5）基于业务过程网络系统进行组织结构设计和制度设计。

（6）按业务过程运行的需要合理配置资源。

（7）应用计划和控制技术，根据业务过程运行的需要制订经营计划与控制方案，对业务过程运行进行反馈控制和协调。

（8）以提高业务过程的绩效为主要目标，持续改进过程。

1.2.3 企业运营管理的流程设计

流程(Process)是生产运作管理中最重要的概念之一,就其本质来讲,生产运作就是流程,是从原材料变成产品和(或)服务的流程。价值是通过流程形成的,成本也是在流程中形成的。对流程进行规划、分析和改进,是运作管理的核心内容。

了解流程对于企业竞争力而言是非常重要的。同样的产品或服务,采用不同的流程会影响产品或服务等。一个错误的流程选择有可能会影响企业长期竞争能力,还有可能影响企业的生产率,从而影响企业的赢利水平。

流程在现代企业的管理中起到非常重要的作用。它既可以使管理人员有效地组织生产,提供服务,又可以有效地分清楚部门之间、人与人之间的责任,更可以有效地控制生产质量和服务质量,及时发现问题及时解决问题,还可以帮助企业实施量化指标等等。

总的来说,实施流程管理,首先是有利于企业运作规范化,大家都按照设计的流程一步一步来做,提高了效率,保证质量;其次是有利于企业实施标准化,标准化的建设有利于企业品牌的树立,有利于业务的快速和大规模的复制;第三是有利于企业实现信息化,信息化管理可以大大提高企业的效率,提高劳动生产率,特别能够借助互联网手段实现远程服务和远程控制。

在流程设计过程中,首先要分清楚流程的层次关系,通常母流程里面包含多个子流程,而子流程里面可能又有多个孙流程,一层一层一直分解到最后的基本运作流程。通常管理流程属于大的流程,下面有各种工艺流程、研发流程、业务流程等,而这些子流程下面又有各个环节的检测流程和办事流程等,流程的不同层次,对应于不同的岗位级别,大人物管大流程,小人物管小流程,普通员工只负责自己的基本动作流程。层次分清楚了,责任也就明确了。

在构建大大小小各种流程的过程中,首先要深入实践,仔细研究行业的特点。在这个基础上,要建立一个完整的流程体系,类似于一个系统工程或者一个数理模型有几个步骤。首先要找出初始条件和边界条件,在这里初始条件就是组织架构,边界条件就是人员的限制,现有的技术条件和工艺设备条件以及场地、周期等空间与时间的限制等。第二步是根据行业的特点和现有的理论选择流程优化的程序,在数理模型构建中称为算法,因为流程优化必须符合一个体系,否则的话设计出来的流程有可能只是局部优化,整体并不优化,甚至效率更低。在这种原则的指导下,第三步是流程的具体设计,画流程图,并把各相关部门和岗位联系起来。第四步是流程的试运行,并在试运行的过程中逐步调整和完善,最后才是流程的全面实施。

1.3 企业战略管理

1.3.1 企业战略管理的概念

企业战略管理是指企业在宏观层次通过分析、预测、规划、控制等手段,实现充分利用本企业的人、财、物等资源,以达到优化管理,提高经济效益的目的。企业战略管理是对企业战略的设计、选择、控制和实施，直至达到企业战略总目标的全过程。战略管理涉及企业发展的全局性、长远性重大问题，诸如企业的经营方向、市场开拓、产品开发、科技发展、机制改革、组织机构改组、重大技术改造、筹资融资等。战略管理的决定权通常由总经理直接掌握。

战略管理是指对一个企业或组织在一定时期内全局的、长远的发展方向、目标、任务和政策，以及资源调配作出的决策和管理艺术。战略管理包括战略制定/形成与战略实施两个部分。战略管理首先是一个“自上而下”的过程，这也就要求高级管理层具备相关的能力及素养。

1.3.2　企业战略制定

1. 确定企业宗旨和战略目标

企业宗旨是指企业管理者确定的企业生产经营的总目标、总方向、总特征和总的指导思想。它反映了企业管理者为组织将要经营的业务而规定的价值观、信念和指导原则；描述了企业力图为自己树立的形象；揭示了本企业与同行其他企业在目标上的差异；界定了企业的主要产品和服务范围，以及企业试图满足的顾客基本需求。

企业战略目标是指企业在实现其使命过程中所追求的长期结果，是在一些最重要的领域对企业使命的进一步具体化。它反映了企业在一定时期内经营活动的方向和所要达到的水平，既可以是定性的，也可以是定量的，比如竞争地位、业绩水平、发展速度等。与企业使命不同的是，战略目标要有具体的数量特征和时间界限，一般为 3~5 年或更长，而战略则是为达到其战略目标而实施的行为。

从广义上看，企业战略目标是企业战略构成的基本内容，战略目标是对企业战略经营活动预期取得的主要成果的期望值。从狭义上看，企业战略目标不包含在企业战略构成之中，它既是企业战略选择的出发点和依据，又是企业战略实施要达到的结果。

2. 战略目标的设定

战略目标的设定同时也是企业宗旨的展开和具体化，是企业宗旨中确认的企业经营目的、社会使命的进一步阐明和界定，也是企业在既定的战略经营领域展开战略经营活动所要达到的水平的具体规定。

3. 准备战略方案

在分析企业的内外部环境并确定企业战略目标后，企业管理者将与企业战略专家及其他有关人员一起参与企业战略方案的规划，即实现战略目标的详细行动计划。由于思路以及实施途径方法的不同，初步战略方案可能是多样化的。战略方案的制订需要充分考虑企业内外部的影响因素，要识别现在是否存在相似战略，若存在，就要鉴定其是否与当前的企业目标、企业所处的环境相适应，是否存在缺陷。在识别和鉴定的基础上，再做出是在现有战略方案基础上进行修订，还是必须制订新战略的决策，以及确定新战略应在哪些方面进行改进和完善的具体方案。

4. 评价和选择战略方案

企业战略方案评价的目的是确定每个战略方案的有效性。决策者通过对制订的几种方案进行评价与比较后，从中选择一种较满意的战略方案，该过程是企业战略领导者专业知识、实际经验、领导作风和艺术的集中体现。评价和选择战略方案时应遵循的基本原则有择优原则、民主协调原则和综合平衡原则等。

1.3.3 战略管理实施的过程

战略管理是对一个企业的未来发展方向制定决策和实施这些决策的动态管理过程。一个规范性的、全面的战略管理过程大体可划分为三个阶段,分别是战略分析阶段、战略选择及评价阶段、战略实施及控制阶段。但是在进行战略分析之前,首先要确定企业使命,把此项工作过程也当作战略管理的步骤之一,则企业战略管理过程即为四个阶段,分别是确定企业使命、战略分析、战略选择及评价、战略实施及控制。

1. 确定企业使命

战略管理是从确定或反思并调整企业使命开始的。企业在制定战略之前,必须先确定企业的使命。企业使命是企业经营者确定的企业生产经营的总方向、总目标、总特征和总的指导思想,或者说,企业使命就是企业在社会进步和社会、经济发展中所应担当的角色和责任。

企业使命对战略管理来说十分重要。实践表明,一个企业要取得真正的成功,单靠资金、技术、产品等还不够,必须有一套明确的指导思想和价值观念。企业使命有利于明确企业发展方向,帮助企业界定战略的边界,排除某些严重偏离企业发展方向、前景不明的投资领域,从而做到目标明确、力量集中,保证企业内各公司经营目标的一致性。企业使命是确定企业战略目标的前提。只有明确地对企业使命进行定位,才能正确地树立企业的各项战略目标。其次,企业使命是战略方案制定和选择的依据。企业在制定战略过程中,要根据企业使命来确定自己的基本方针,战略活动的关键领域及其行动顺序等。企业使命是有效分配和使用企业资源的基础。有了明确的企业使命,才能正确合理地把有限的资源分配在关键的经营事业和经营活动上。

2. 战略分析

战略分析是指对企业的战略环境进行分析、评价,并预测这些环境未来发展的趋势以及这些趋势可能对企业造成的影响及影响方向。一般来说,战略分析包括企业外部环境分析和企业内部环境或条件分析两部分。企业外部环境一般包括下列因素或力量:政治-法律因素、经济因素、技术因素、社会因素以及企业所处行业中的竞争状况。企业外部环境分析的目的是:适时地寻找和发现有利于企业发展的机会,以及对企业来说所存在的威胁,做到"知彼",以便在制定和选择战略时能够利用外部条件找到机会进而避免企业的威胁因素。

企业的内部环境即是企业本身所具备的条件,也就是企业所具备的素质,它包括企业的有形资源和无形资源,如企业的财务能力、营销能力、生产管理能力、组织效能、企业文化等方面的能力,企业核心竞争力等。企业内部条件分析的目的是:发现企业所具备的优势或弱势,以便在制定和实施战略时扬长避短、发挥优势,有效地利用企业自身资源,发挥出企业的核心竞争力优势。

3. 战略选择及评价

战略选择及评价过程实质是战略决策过程,即对战略进行探索、制定以及选择。一个企业的战略选择应当解决两个基本战略问题:一是企业的经营范围或战略经营领域,即规定企业从事生产经营活动的行业,明确企业的性质和所从事的事业,确定企业以什么样的产品或服务来满足哪一类顾客的需求；二是企业在某一特定经营领域的竞争优势，即要确定企业提供的产品或服务，要在什么基础上取得超过竞争对手的优势。

4. 战略实施及控制

企业的战略方案确定后，必须通过具体化的实际行动才能实现战略及战略目标。一般来说可在三个方面推进战略的实施。一是制定职能策略，如生产策略、研究与开发策略、市场营销策略、财务策略等。在这些职能策略中要能够体现出策略推出步骤、采取的措施和项目以及大体的时间安排等。二是对企业的组织机构进行构建，以使构造出的机构能够适应所采取的战略，为战略实施提供一个有利的环境。三是要使领导者的素质及能力与所执行的战略相匹配，即挑选合适的企业高层。

第 2 章　企业运营实训相关准备及理论

2.1　实训的相关准备

2.1.1　实训的目的和任务

（1）综合运用角色扮演、导师指引、案例分享、企业讲坛、角色互换、交流互动等方式进行管理知识与方法的综合运用。

（2）训练参训者的战略管理、市场营销、财务管理、生产运作、物流管理、市场信息收集与运用等管理技能，全面提高受训者的综合素质。

（3）理解企业战略的重要性，学会用战略的眼光看待企业的业务与经营，保证其与战略的一致。

（4）体验制造业企业的完整运营流程，理解物流、资金流、信息流的协调过程。

（5）体会现金流的重要性，学会资金预算，控制融资成本，提高资金使用效率；通过财务报告、财务分析解读企业经营的全局，学会透过财务看经营。

（6）理解团队合作的重要性，树立全局观念及共赢理念；体会人尽其才的价值及用人不当的后果。

（7）建立基于信息时代的思维方式，培养辩证思维的能力，体验差异化思维的力量。

（8）认真聆听企业讲坛，积极参与案例分析和实训总结，以获得最大收获。

（9）建立基于信息时代的思维模式：决策来源于数据，数据来源于信息系统，信息系统能够及时为企业管理者提供丰富的决策信息。通过沙盘信息化体验，基于信息思维模式感受到企业信息化的紧迫性和实施过程中的关键点。

2.1.2　实训的方式和时间安排

ERP 实物沙盘模拟实训适用于 32 学时的 ERP 实物沙盘模拟课程教学。

本书以 32 学时为例进行安排，教学过程中，可根据实际情况适度调节。实训分为五个阶段，各阶段实训内容及学时安排如下。

第一阶段　基本理论教学与模拟演练（8 学时）

（1）实训动员和规则介绍。一般安排 2 学时，主要进行实训动员，介绍“第一篇 导入篇”的主要内容，使学生掌握竞赛规则和企业运行流程。

（2）模拟演练（热身赛）。一般安排 4 学时，按照竞赛规则，在指导教师的监控下，学生进行企业经营沙盘模拟若干年（一般是 6 年）的模拟演练（热身赛）。

（3）模拟演练（热身赛）小结与实战对抗方案设计。一般安排 2 学时，对模拟演练（热身赛）进行简要点评，同时部署下一阶段实训内容，进行实战对抗方案设计。

第二阶段 实战对抗方案设计(4学时)

(1)初步制定公司经营战略,由首席执行官(Chief Executive Officer,CEO)主持。

(2)制定职能战略,由各角色进行相应职能战略制定。

①制定市场竞争策略,由营销总监(Chief Marketing Officer,CMO)主持。

②制订新产品开发计划,由技术总监(Chief Technology Officer,CTO)主持。

③制订生产计划,由生产总监(Chief Production Officer,CPO)主持。

④制定财务规划,由财务总监(Chief Financial Officer,CFO)主持。

⑤明晰组织架构及内部考核办法,由人力资源总监(Chief Human Resource, CHO)主持。

⑥依据生产计划制订相应采购计划,由采购总监(Chief Procurement Officer, CPO)主持。

(3)形成公司经营战略方案,由CEO主持。

第三阶段 实战对抗阶段(16学时)

(1)第一天上午:CEO报告,第一年运行;CFO报告,第二年运行。

(2)第一天下午:CMO报告,第三年运行;CPO报告,第四年运行。

(3)第二天上午:CFO/CPO报告,第五年运行。

(4)第二天下午:CFO/CPO报告,第六年运行;并公布实战对抗竞赛结果。

第四阶段 案例讨论阶段(2学时)

安排5或6个不同类型(侧重不同角色)的典型案例,案例的讨论要把案例与沙盘模拟实战对抗结合起来。业余时间半天准备,2学时讨论。

(1)公司战略案例讨论。

(2)竞争策略案例讨论。

(3)财务管理案例讨论。

(4)人力资源案例讨论。

(5)产品开发与生产案例/物流管理案例讨论。

第五阶段 总结提升阶段(2学时)

(1)撰写模拟企业经营分析报告和个人实训总结。一般安排业余时间进行,由CEO组织各企业按照经营分析报告的要求撰写报告,并进行模拟企业内部的总结。

(2)班级实训总结。一般安排1学时进行,由各模拟企业派代表做主旨发言,总结模拟企业经营的成败得失,指导教师做必要的点评与引导,允许并鼓励学生个别发言,谈感受和体验。指导教师做实训总结。

(3)年级实训交流。一般安排1学时进行,由班级选派的2或3名代表做主旨发言,总结交流模拟企业经营的成败得失,指导教师做必要的点评与引导,允许并鼓励学生个别发言,谈感受和体验。

以上为参考时间安排。具体时间以指导教师公布的时间为准。

2.1.3 实训要求和组织管理

1. 实训要求

（1）每个学生都要参与所有的实训流程，并承担一个具体的工作岗位。

（2）实训前要认真学习本实训手册的相关内容，明确实训目的、内容和相关要求，确保实训效果。

（3）在实训过程中，要树立端正的实训态度和良好的团队精神。

（4）在实训过程中，要特别注意人身和财物的安全。

（5）遵守实训纪律，保证按时出勤，并完成相关任务；遵守国家法律法规，遵守实训教室的相关规定，听从安排。

（6）做好实训记录，记好实训日记，为撰写实训报告做好准备工作。

（7）认真撰写个人实训总结和模拟企业经营分析报告，字数分别不少于 5 000 字和 8 000 字。

模拟企业经营分析报告与该模拟企业 CEO 的个人实训总结相结合。

2. 学生分组与组织管理

（1）学生分组由指导教师根据实际情况掌握。对于 6 组手工沙盘，以班级为单位进行对抗赛，最多可分 6 组，每组以 5 或 6 人为宜，人数少的班级可以分为 4 或 5 组。8 组以上手工沙盘或电子沙盘可以考虑进行年级对抗赛。

（2）角色分工由各团队自行协商产生。实训期间可做角色互换。

（3）在实训期间，各模拟企业 CEO 应管理好本企业人员。

3. 成绩评定

学生成绩评定综合以下内容：

（1）实战对抗成绩，占 50%；

（2）角色扮演情况，占 10%；

（3）案例讨论情况，占 10%；

（4）实训报告成绩，占 10%；

（5）出勤及遵守纪律情况等，占 20%。

2.2 企业运营沙盘模拟释义

ERP 沙盘模拟是针对先进的现代企业经营与管理技术 ERP 设计的角色体验的实验平台。6 张沙盘盘面代表 6 个相互竞争的模拟企业。沙盘盘面按照制造企业的职能部门划分为多个职能中心，包括营销与规划中心、生产中心、物流中心、财务中心和信息中心。各职能中心涵盖了企业运营的所有关键环节：战略规划、资金筹集、市场营销、产品研发、生产组织、物资采购、设备投资与改造、财务核算与管理等。在 ERP 沙盘模拟经营实训中，把企业运营所处的内外环境抽象为一系列的规则，学生组成 6 个相互竞争的模拟企业，通过沙盘进行实际推演，连续完成模拟企业 6 年的经营，通过“学生参与—沙盘载体—模拟经营—对抗演练—教师评析—学生感悟”等一系列实训环节，参悟科学的管理规律，培养团队精神，全面提升管理能力。

ERP 沙盘模拟经营实训“融理论与实践于一体、集角色扮演与岗位体验于一身”的设计思想，使学生在分析市场、制定战略、营销策划、组织生产、财务管理等一系列活动中，体验企业经营的全过程。每个小组在初始时都拥有相同的资金、设备和固定资产，他们研发新产品、开拓新市场、投资新的生产线，投入广告并获得市场订单，购入原材料进行产品生产，通过订单的交付获得销售收入，从而进行企业的连续生产和经营，当模拟企业资金短缺时可向银行申请贷款或变卖固定资产。运用相同的资金和相同的规则，通过不同的手段，模拟企业的运营结果不尽相同，最终会根据每个模拟企业的利润和资产等结果评出优胜者。在模拟企业经营过程中，无论胜负都会给学生留下深刻的印象，胜利者会有成功的喜悦，失败者则会在遗憾中领悟出很多企业生产运作的真谛和经营哲理，从而使学生达到巩固知识、积累经验和激发创新思维的目的。

2.3　模拟企业组织架构

2.3.1　ERP 沙盘模拟企业的组成

ERP 沙盘模拟企业将企业中的几个主要部门都集中在一个盘面上，具体包括以下五个方面。

1. 战略中心

战略中心是企业 CEO 的指挥所，企业所有的重要决策都从这里发出。因此，这里很大程度上决定着企业战略的成败。战略中心的核心任务是“战略规划”和“战略执行”，即对未来如何设想，如何组织企业中的各类资源实现上述设想。“战略规划”包含“确定战略目标”和“设计实施方案”两部分。

ERP 沙盘模拟为我们提供了基于对市场总体情况和竞争对手的分析平台，结合 ERP 沙盘对企业自身能力和资源的诊断，提供了一份层次清晰、结构完整、数据充分的“战略目标体系”。“战略执行”关系到如何将“战略规划”转化成企业日常的经营活动，ERP 沙盘模拟使各组成员明确“做哪些事”“做事的成本应是多少”“完成与否的后果是什么”，使经营更加规范化。

2. 营销策划与销售中心

企业销售部门是站在企业最前沿的部门，在这里，作为营销主管，其任务是为企业获得尽可能多的利润，将企业生产的各种产品销售到市场上是其主要的责任。因此，开拓市场、开发产品、产品的国际标准化组织（International Organization for Standardization，ISO）认证工作将等待着销售主管去完成。

3. 财务中心

企业财务管理目标对全部理财活动具有根本性的影响。确立企业财务管理目标是明确现代理财思想、建立现代理财方法和措施所必须重点考虑的问题。财务中心相当于真实企业财务、会计的结合体，既要做好会计核算，又要做好财务管理，即管好资金流动、做好各项财务报表与分析、进行资金预算与筹集等。

4. 生产中心

生产中心是生产型企业的源头，所有产品都从这里生产出来。生产中心的任务是将人力、物料、设备、技术、信息、能源等生产要素有效地转化为有形产品或服务，简单地说就是投入、转换、产出的过程。ERP 沙盘模拟规范了企业生产过程中的设计、计划、组织与控制，使我们更好地组织企业的日常生产。

5. 物流中心

物流中心起着连接生产和消费间桥梁的作用。该中心具有对物资进行保管、运输、装卸、包装、加工等功能。物流中心包括两个部分：物资的采购管理与物资的库存管理。在物流中心以采购主管为首，其职责是根据生产部门的请购单向供应商采购相应物料，及时、准确地按生产部门要求供料给生产部门，同时保持零库存状态。在这个 ERP 沙盘上，它是相对简单的一个中心。当然在真实企业里，这两个部分会非常复杂。

2.3.2 模拟企业组织架构

任何企业创建之初，都要有与其企业类型相适应的组织结构。理论上说，企业组织结构的形式可以有很多种，但是在现实企业组织形式中占主导地位的组织结构则仅有其中的几种，即直线制、直线职能制、事业部制、矩阵组织形式、企业集团组织形式等。这些组织形式其实没有绝对的优劣之分。不同环境中的企业或同一企业中不同单位的管理者，都可根据实际情况选用其中某种最合适的组织形式。合理的组织结构是保证企业正常运转的基本条件。在 ERP 沙盘模拟企业经营实训课程中，我们采用了简化的企业组织结构形式，企业组织由几个主要角色来代表，包括 CEO、CFO、CWO、CPO、CLO 等。

1. CEO

CEO 负责制定和实施公司总体战略与年度经营计划；建立和健全公司的管理体系与组织结构，从结构、流程、人员、激励四个方面着手优化管理，实现管理的新跨越；主持公司的日常经营管理工作，实现公司经营管理目标和发展目标。

在 ERP 沙盘模拟实训中，企业所有的重要决策均由 CEO 带领团队成员共同决定，如果大家意见不同，则由 CEO 最终决定。作出有利于企业发展的战略决策是 CEO 的最大职责，同时，CEO 还要负责控制企业运行流程。与此同时，CEO 在实训中还要特别关注每个人是否能胜任其岗位，尤其是一些重要岗位，如财务主管、营销主管等，如不胜任要及时调整，以免影响整个企业的运行及竞争。

CEO 主要完成以下工作：制定发展战略、竞争格局分析、经营指标确定、业务策略制定、全面预算管理、管理团队协同、企业绩效分析、业绩考评管理、管理授权与总结。作为企业的掌门人，担任 CEO 职务的学生可以尽显自身的企业经营管理才能，全方位展现专业理论与实践的结合。学生应对本企业主要的目标、经营方向、经营方针等作出全局谋划。

2. CFO

在企业中，财务与会计的职能常常是分离的，他们有着不同的目标和工作内容。会计主要负责日常现金收支管理，定期核查企业的经营状况，核算企业的经营成果，制定预算及对成本数据进行分类和分析。财务的职责主要是负责资金的筹集、管理，做好现金预算，管好、用好资金。如果说资金是企业的血液，那么财务部门就是企业的心脏。财务主管要参与企业重大决策方案的讨论，如设备投资、产品研发、市场开拓、ISO资格认证、购置厂房等。企业进出的任何一笔资金，都要经过财务部门。

在学员较少时，一般将上述两大职能都归并到CFO身上，统一负责对企业的资金进行预测、筹集、调度与监控。CFO要管好现金流，按需求支付各项费用和进行成本核算，做好财务分析，进行现金预算，采用经济有效的方式筹集资金，将资金成本控制在较低水平。

CFO主要完成以下工作：日常财务记账和报账、向税务部门报税、提供财务报表、进行日常现金管理、制定企业融资策略、控制成本费用、资金调度与风险管理、财务制度与风险管理、财务分析与协助决策。在学员人数允许时，建议增设会计主管或财务助理，分担会计职能。

仍然是纯消费者身份的学生，一般都是由父母供应吃、穿、住、行等生活费用，很多学生无法体验父母赚钱的艰辛。通过该岗位的实训，让学生真正明白，企业的资金（生活费）是有限的，要想让企业长期稳定的发展，就必须充分管好资金流动、提高资金使用效率，做好各项财务报表与分析，进行资金预算与筹集，进行长短期资金需求预估。

3. CWO

企业的利润是由销售收入带来的，销售收入是企业生存和发展的关键。为此，CWO应结合市场预测及客户需求制订销售计划，有选择地进行广告投放，取得与企业生产能力相匹配的客户订单，与生产部门做好沟通，保证按时交货给客户，监督货款的回收，进行客户关系管理。

CWO主要完成以下工作：市场调查分析、制定市场进入策略、制定品种发展策略、制定广告宣传策略、制订销售计划、争取订单与谈判、签订合同与过程控制、按时发货与收款管理和销售绩效分析。

通过该岗位的实训，学生可以学会如何分析市场、开发市场；关注竞争对手、感受企业及市场内外压力；把握消费者需求；制定营销与广告策略、销售计划，尽可能提高企业利润。

4. CPO

CPO是企业生产部门的核心人物，对企业的一切生产活动进行管理，并对企业的一切生产活动及产品负最终责任。CPO既是生产计划的制订者和决策者，又是生产过程的监控者，对企业目标的实现负有重大责任。CPO的工作是通过计划、组织、指挥和控制等手段，实现企业资源的优化配置，创造最大的经济效益。CPO主要完成以下工作：产品研发管理、管理体系认证、固定资产投资、编制生产计划、平衡生产能力、生产车间管理、产品质量保证、成品库存管理、产品外协管理。

5. CLO

采购是企业生产的首要环节。CLO负责各种原料的及时采购和安全管理，确保企业生产的正常进行；负责编制并实施采购供应计划，分析各种物资供应渠道及市场供求变化情况，力求从价格上、质量上把好第一关，为企业生产做好后勤保障；进行供应商管理；进行原材料库存的数据统计与分析。

CLO主要完成以下具体工作：编制采购计划、与供应商谈判、签订采购合同、监控采购过程、到货验收、仓储管理、采购支付决策、与财务部协调、与生产部协同。

在模拟企业里，学生要首先学会的一点，就是物流中心的首要任务——保证生产正常进行。此外，学生还要学会如何订立采购合同，当企业与相应部门签订相关物料采购供应合同后，是不能擅自变更的。也就是说，采购主管在下达采购订单时，应严格按照物料请购单进行。最后，学生还要学会物料采购周期、库存管理中的零库存和安全库存管理等知识。

6. 商业间谍

在一个信息化的社会，获取最新、准确的信息是企业持续发展的保障。因此，学生应该学会如何获得竞争对手的信息，如何将信息加工整理，如何将信息反馈给总部，从而为企业战略、战术的发展提供参考依据。

7. 其他角色

在学生人数较多时，可适当增加财务助理、CEO 助理、销售助理、生产助理等辅助角色，特别是财务助理的职位，很值得设立。为使这些辅助角色充分发挥作用，应尽可能明确其所承担的职责和具体任务。

2.4 手工沙盘盘面和电子沙盘盘面

企业经营管理沙盘有手工沙盘（也称物理沙盘）和电子沙盘两种形式，这两种形式的沙盘都是将生产型企业的整体业务流程所涉及的主要职能抽象归纳到一个平面上，其业务流程涉及采购业务、生产业务、库存业务、营销业务、销售业务、财务业务、产品研发业务、质量保障业务和市场开拓业务。

学生按照企业的业务流程，在沙盘盘面上对这些业务职能进行操作，从而充分反映出企业经营过程中所涉及的物流、商流、资金流和信息流，发现企业经营管理中的问题。

手工沙盘盘面（图 2-1）每一张可代表一个模拟企业。手工沙盘按照生产型企业的职能部门划分了职能中心，包括营销与规划中心、生产中心、物流中心和财务中心。各职能中心涵盖了企业经营管理的所有关键环节，包括战略规划、资金筹集、市场营销、产品研发、生产组织、物资采购、设备投资与改造、财务核算与管理等。通过沙盘推演，把企业运营所处的内外部环境抽象为一系列的规则，模拟的企业在相互竞争中，使学生在分析市场、制定战略、营销策划、组织生产、财务管理等一系列活动中，参悟科学的管理规律，培养团队精神，全面提升管理能力，同时也对企业资源的管理过程有一个实际的体验。

手工沙盘经营的优点是形象直观，灵活性高，教师掌控自由度大，经营气氛好，适合初次学习者；缺点是组织要求高，监控难度大，一次参与不宜超过 10 组。电子沙盘（图 2-2）可以独立运行，也可以结合手工沙盘运行，其优点是监控容易，一次参与组数较多；缺点是不够形象直观，适合提高及竞赛。如果手工沙盘和电子沙盘结合使用效果更好。

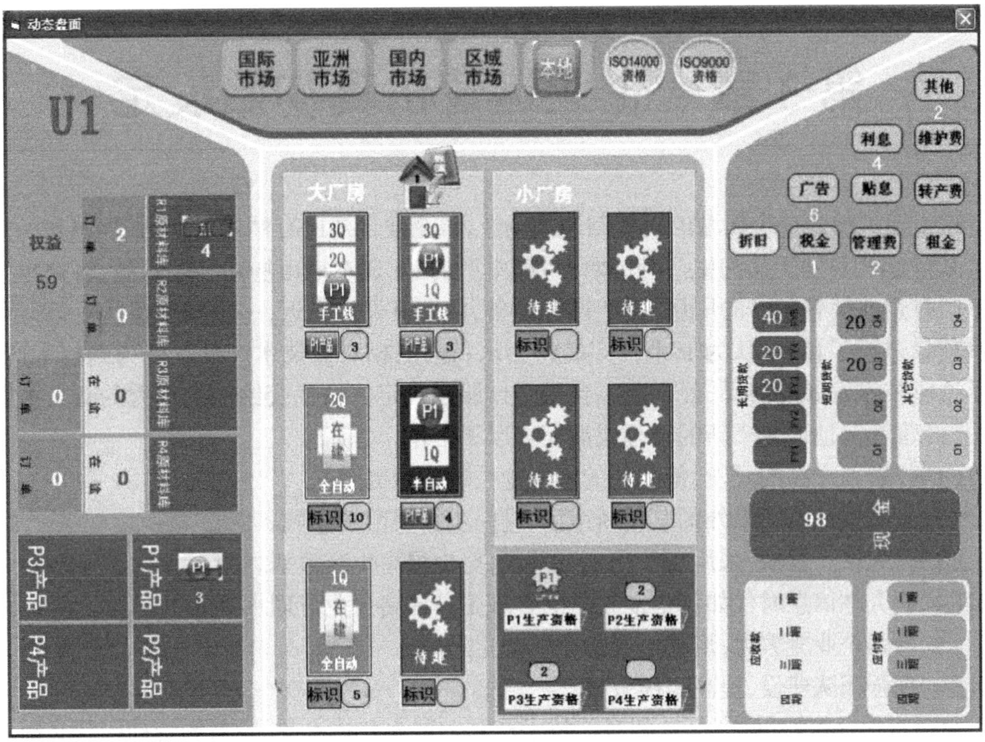

图 2-1　手工沙盘盘面展示

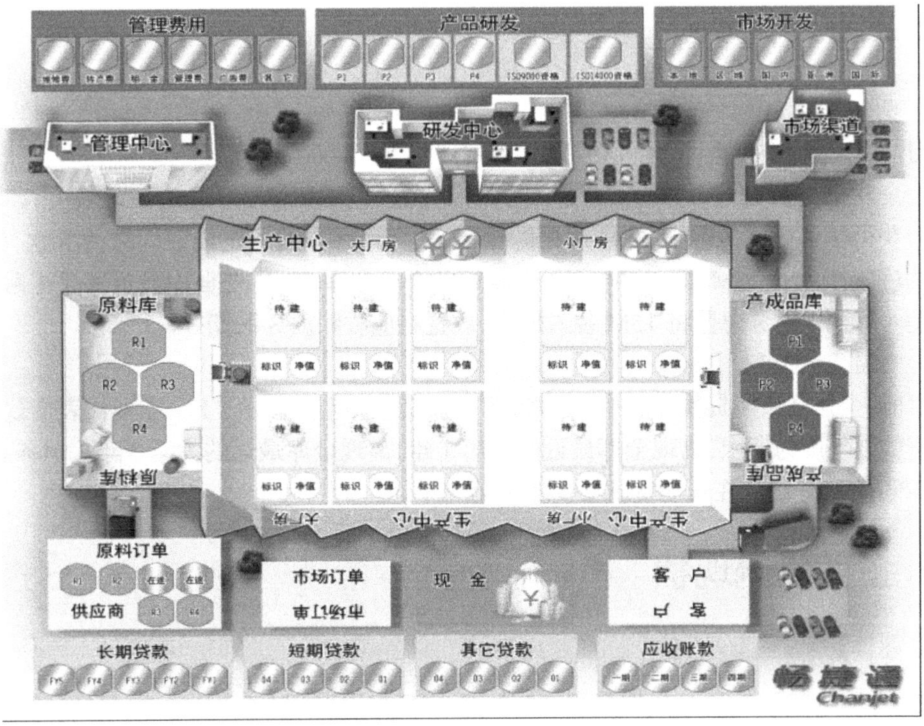

图 2-2　电子沙盘盘面展示

第 3 章　企业运营仿真初始设定

这里模拟的是一个典型的离散制造型企业，该企业创建已有两年时间，长期以来一直专注于某行业 P 系列产品的生产与经营，目前生产的 P1 在本地市场知名度很高，客户也很满意。同时企业拥有自己的厂房，生产设施齐备，状态良好。最近，一家权威机构对该行业的发展前景进行了预测，认为 P 系列产品将会从目前的相对低技术产品发展为高技术产品。为了适应技术发展的需要，公司董事会及全体股东决定将企业交给一批优秀的新人去发展（模拟经营者），他们希望新的管理层能完成以下工作。

（1）投资新产品的开发，使公司的市场地位进一步提升。

（2）开发本地市场以外的其他新市场，进一步拓展市场领域。

（3）扩大生产规模，采用现代化生产手段，努力提高生产效率。

（4）研究在信息时代如何借助先进的管理工具提高企业管理水平。

（5）增强企业凝聚力，形成鲜明的企业文化。

（6）加强团队建设，提高组织效率。

简而言之，随着系列产品从相对低技术产品发展为高技术产品，新的管理团队必须创新经营、专注经营，才能完成公司董事会及全体股东的期望，实现良好的经营业绩。

3.1　企业财务现状

1. 现金 30M

目前，企业拥有现金 30M（1M 等于 100 万元），即 3 000 万元。

2. 应收账款 15M

为获得尽可能多的客户，企业采用赊销策略，允许客户在一定期限内缴清货款。目前，企业的应收账款有 15M，即 1 500 万元。账期的单位是季度，离现金库最近的是 1 账期，最远的是 4 账期。财务总监将 15M 装入桶中，放置在应收账款 3 账期处。

3. 长期贷款 40M

目前，企业有长期贷款 40M，即 4 000 万元。贷款用空桶表示，1 个空桶代表贷款 20M。长期贷款以年度为期限，离现金库最近的为第 1 年，离现金库最远的为第 5 年。财务总监取 2 个空桶，将其分别放在长期贷款第 4 年和第 5 年处。

3.2　企业物流现状

1. 原材料 3M

R1 原材料库中有 3 个 R 原材料，每个 R1 原材料价值 1M，共 3M。采购总监取 3 个空桶，每个空桶中分别放置 1 个 R1 原材料，并放置在 R1 原材料库中。

2. 原材料订单 2 个

材料 R1 的采购需要提前 1 个季度,已向供应商发出采购订单,预订 2 个 R1 原材料。采购总监将 2 个空桶放置在 R1 订单处。

3. 产成品 6M

目前生产完成 3 个 P1 成品,生产总监取 3 个空桶,分别在每个桶中放置 1 个 R1 原材料和 1M 的加工费,并将 3 个 P1 放置在 P1 产品库中。物流中心初始状态设置完毕。

3.3 企业生产现状

ERP 沙盘模拟经营实训接手的是一个已经运营了两年的企业,虽然从基本情况的描述中获得了企业运营的基本信息,但还需要把这些枯燥的数字活生生地体现在沙盘盘面上,为下一步企业运营做好准备。从资产负债表上可以看出模拟企业资产总计 115M,即 1.15 亿元。下面按照步骤来设置企业的初始状态。

1. 大厂房 40M

企业拥有自主厂房大厂房价值 40M,即 4 000 万元。财务总监将等值资金放在大厂房价值之处。

2. 设备价值 13M

企业已购置了 4 条生产线,包括 3 条手工线和 1 条半自动线,将手工线和半自动线依次放在生产线 1~4 的位置。生产线扣除折旧后,目前每条手工线的净值为 3M,即 300 万元,半自动线的净值为 4M,即 400 万元。财务总监取出 4 个空桶,分别放置 3M、3M、3M、4M,在生产线下方的净值处。

3. 在制品 8M

在制品是指处于加工过程中,尚未完工入库的产品。4 条生产线上各有一个 P1 在制品,手工线有 3 个生产周期,第 1 条手工线上的 P1 在制品处于第一周期,第 2 条手工线上的 P1 在制品处于第二周期,第 3 条手工线上的 P1 在制品处于第三周期,半自动线有 2 个生产周期, P1 在制品处于第一周期。

3.4 企业的市场环境概况

目前,国家经济状况发展良好,消费者收入稳步提高,行业将迅速发展。然而该企业生产制造的产品几乎全部在本地销售,董事会和股东认为在本地以外以及国外市场上的机会有待发展,董事会希望新的管理层去开发这些市场。同时, P1 在本地市场知名度很高,客户很满意,然而要保持市场地位,特别是进一步提升市场地位,企业必须研发新产品。目前,已存在一些处于研发中的新产品项目。在生产设施方面,目前的生产设施状态良好,但是在发展目标的驱使下,预计必须投资额外的生产设施。具体方法可以是建新的厂房或将现有的生产设施现代化。

在行业发展状况方面, P1 由于技术水平低,虽然近几年需求较旺,但未来需求将会逐渐下降, P2 是 P1 的技术改进版,虽然技术优势会带来一定的需求量增长,但随着新技术的出现,需求最终会下降。P3、P4 为全新技术产品,发展潜力很大。根据一家权威市场调研机构对未来 6 年各个市场需求的预测, P1 是目前市场上的主流产品, P2 作为 P1 的技术改良产品,也比较容易获得大众的认同。P3 和 P4 作为 P 系列的高技术产品,各个市场对其认同度不尽相同,需求量与价格也会有较大差异,下面根据不同目标市场进行详细分析。

1. 本地市场分析

如图 3-1 所示,本地市场将会持续发展,客户对低端产品的需求可能要下滑。伴随着需求的减少,低端产品的价格很有可能会逐步走低。后几年,随着高端产品的成熟,市场对 P3、P4 的需求量将会逐渐增大。同时随着时间的推移,客户的质量意识将不断提高,后几年可能会对厂商是否通过了 ISO 9000 认证和 ISO 14000 认证有更多的要求。

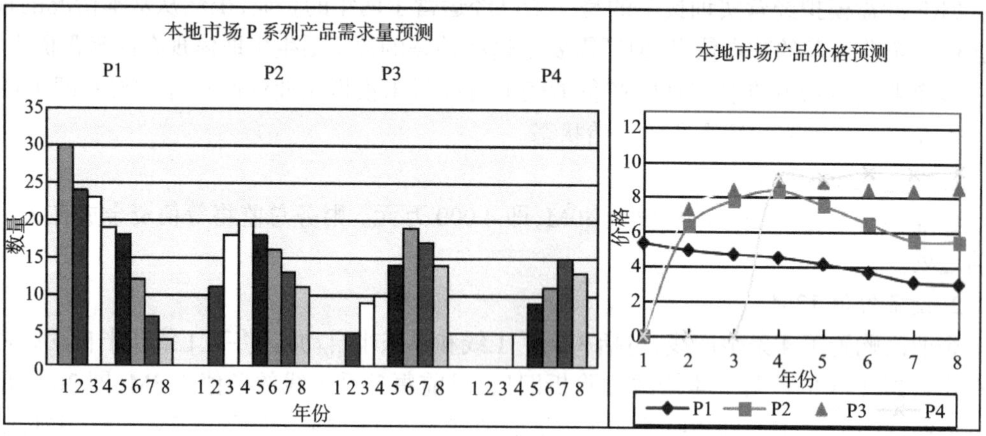

图 3-1 本地市场 P 系列产品需求量及产品价格预测

2. 区域市场分析

如图 3-2 所示,区域市场的客户对系列产品的喜好相对稳定,因此,市场需求量的波动也很有可能会比较平稳。因其紧临本地市场,所以产品需求量的走势可能与本地市场相似,价格趋势也应大致一样。该市场的客户比较乐于接受新的事物,因此,对于高端产品也会比较有兴趣。但由于受到地域的限制,该市场的需求总量非常有限,并且这个市场上的客户比较挑剔,因此,在以后几年,客户会对厂商是否通过了 ISO 9000 认证和 ISO 14000 认证有较高的要求。

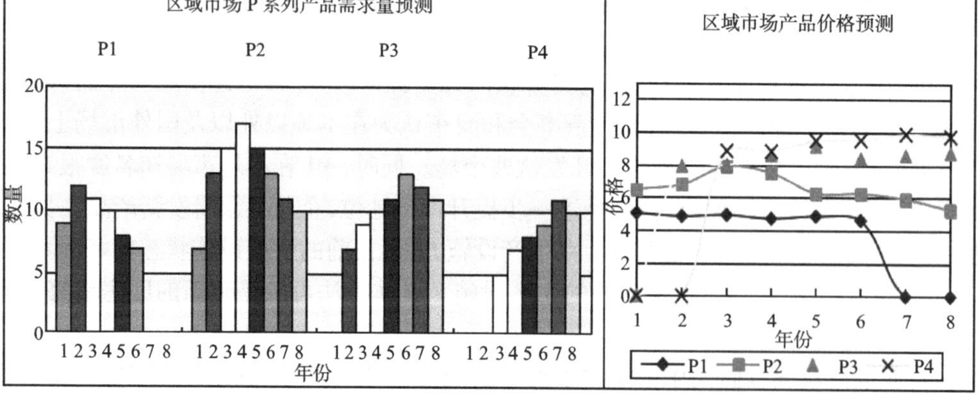

图 3-2 区域市场 P 系列产品需求量及产品价格预测

3. 国内市场分析

如图 3-3 所示，因为 P1 带有较浓的地域色彩，估计国内市场对 P1 不会有持久的需求，但 P2 因为更适合国内市场，所以，估计需求会一直比较平稳。随着对 P 系列产品新技术的逐渐认同，估计对 P3 的需求会发展较快，但这个市场上的客户对 P4 却并不是那么认同。当然，对于高端产品来说，客户一定会更注重产品的质量。

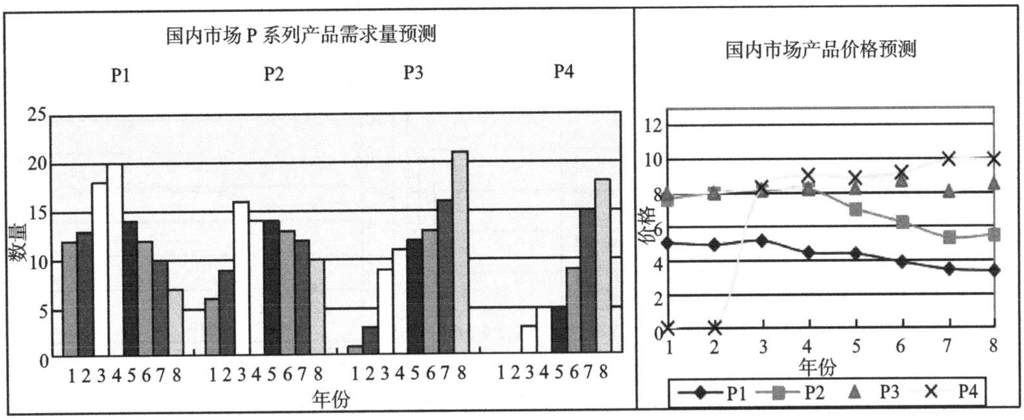

图 3-3　国内市场 P 系列产品需求量及产品价格预测

4. 亚洲市场分析

如图 3-4 所示，这个市场上的客户喜好一向波动较大，不易把握，所以对 P1 的需求可能起伏较大，估计 P2 的需求走势也会与 P1 相似。但该市场对新产品很敏感，因此，估计对 P3、P4 的需求会发展较快，价格也可能不菲。另外，这个市场的消费者很看重产品的质量，所以，在以后几年里，如果厂商没有通过 ISO 9000 认证和 ISO 14000 认证，其产品可能很难销售。

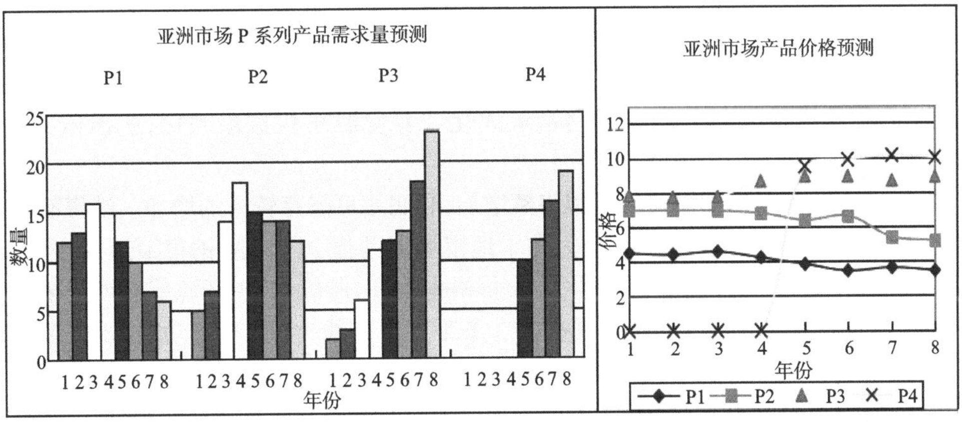

图 3-4　亚洲市场 P 系列产品需求量及产品价格预测

5. 国际市场分析

如图 3-5 所示，企业进入国际市场可能需要一段较长的时间。有迹象表明，目前这一市场上的客户对 P1 已经有所认同,需求也比较旺盛。对于 P2,客户将会谨慎地接受,仍需要一段时间, P2 才能被市场接受。对于新兴的技术,这一市场上的客户将会以观望为主,因此,对 P3 和 P4 的需求发展极慢。因为产品需求主要集中在低端产品,所以,客户对 IOS 国际认证的要求并不如其他几个市场那么高,但也不排除在后期会有这方面的需求。

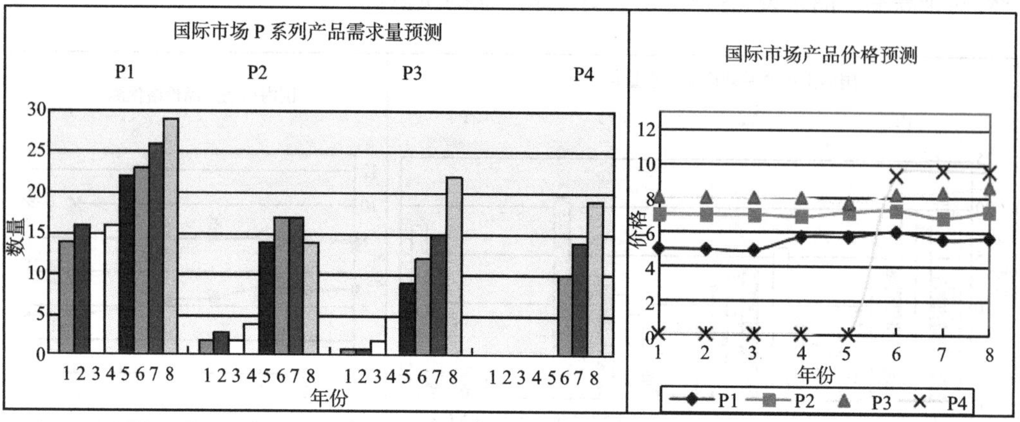

图 3-5 国际市场 P 系列产品需求量及产品价格预测

3.5 股东期望

从利润表中可以看出,企业上一年盈利 300 万元,增长已经放缓。生产设备陈旧,产品市场单一,企业管理层长期以来墨守成规地经营,导致企业已缺乏必要的活力,现在虽尚未衰败,但也近乎停滞不前。鉴于此,公司董事会及全体股东决定将企业交给一批优秀的新人去发展,他们希望新的管理层能够把握时机,抓住机遇,投资新产品开发,使公司的市场地位得到进一步提升;在全球市场广泛开放之际,积极开发本地市场以外的其他新市场,进一步拓展市场领域;扩大生产规模,采用现代化生产手段,努力提高生产效率,全面带领企业进入快速发展阶段。股东创办企业的目的是扩大财富,他们是企业的所有者,企业价值最大化就是股东财富最大化。要使股东权益最大化,应该做到"开源节流"。

首先,开源就是要增加销售额。销售额增加,利润才可能有较大的增加。销售额增加的直接方法就是多卖产品,而目前企业只在本地市场上销售 P1 产品,销售渠道少,竞争对手多,而以后的 P2、P3 产品将有很大的需求,价格也很高,所以,要想开源就必须开拓新的市场,研发新的产品。除此之外,企业现有的 3 条手工生产线、1 条半自动线,要想多生产产品,生产能力远远跟不上,所以,必须提高产能。

其次,增加利润不能只考虑扩大销售。如果不能有效控制成本,利润的增加同样是非常有限的。

要想有效地"节流",就要对企业进行全成本核算。

综上所述,企业的目标是生存、发展和获利。企业的这个目标要求公司理财完成筹措资金、有效投放和使用资金的任务。企业的成功以至于生存，在很大程度上取决于它过去和现在的财务政策。公司理财不仅与资产的获得及合理使用的决策有关，而且与企业的生产、销售管理发生直接联系。

本章部分图例

说明：为了方便读者直观地查看彩色图例，此处节选了书中的部分内容进行展示。页面左侧的页码，为您标注了对应内容在书中出现的位置。

第 4 章　企业运营规则

企业在一个市场环境中生存,企业之间的竞争需要遵循一定的规则。综合考虑市场竞争及企业经营所涉及的方方面面,简化为以下八个方面。

4.1　市场划分和准入

市场包括本地、区域、国内、亚洲和国际市场。每种不同市场投入的费用及时间不同,只有市场投入全部完成后方可接单。

市场开发投资按年度支付,允许同时开发多个市场,但是每个市场每年最多投资 1M,不允许加速投资,但允许中断,见表 4-1。市场开发完成后持开发费用凭证到指导老师处领取市场准入证,之后才允许进入该市场竞单。

表 4-1　市场开发投资表

市场	开发费用	持续时间
本地	1M	1 年
区域	1M	1 年
国内	2M	2 年
亚洲	3M	3 年
国际	4M	4 年

4.2　销售会议和竞单规则

销售预测和客户订单是企业生产的依据。

1. 销售会议

每年年初,各企业的营销主管与客户见面并参加销售会议。根据市场地位、产品广告投入、市场需求及竞争态势,按顺序选择订单。

2. 市场地位

市场地位是根据不同市场而言的,每种市场都存在市场地位。企业的市场地位根据上一年度各企业的销售额排列。销售额最高的企业称为该市场的市场领导者,也就是通常说的“市场老大”。

3. 广告投放

广告是分市场、分产品投放的。例如,投入 1M 有一次选单的机会,以后每多投 2M 增加一次选单机会。但是，最终能否竞单成功还要看市场需求和企业竞争情况。各企业根据自己的产能和产品品质来进行广告的投放。只有企业取得了 ISO 9000、ISO 14000 的资格，在相应的栏目中投入 1M 的广告费才有效。

4. 客户订单

客户订单是以卡片的形式表示。卡片上标注了市场、产品、产品数量、单价、订单的总额、账期、特殊要求等。

（1）订单上的账期代表客户收货时货款的交付方式。若账期为 0，则在交货的同时现金就到企业；若是 2Q（Q 表示季度），则表示客户付给企业的是第二季度到期的应收账款。

（2）如果订单上标注了 ISO 9000 或者 ISO 14000，则要求企业必须有 ISO 9000、ISO 14000 的认证，并且投了广告费才能接到此单。如果订单上有加急字样，则表示此订单必须在第一季度交货，否则视为违约。若“市场老大”违约，则其市场地位下降，本年度就没有“市场老大”。下一年度该订单必须最先交货，交货时扣除该订单总额的 25%作为违约金。

5. 订单争取

客户订单是按市场、按产品发放的。首先发放本地市场的订单，按 P1、P2、P3、P4 产品顺序发放，依次再发放区域、国内、亚洲和国际市场的订单，也按 P1、P2、P3、P4 产品顺序发放。企业的选单顺序如下。

首先，由上一年度的“市场老大”最先选单。

其次，按照广告投放量的多少，依次选单。若在同一产品上多家企业的广告投入相同，则哪家企业先投哪家企业就优先选单；若市场的广告投入先后也相同，则按照上一年度订单销售额的排名决定顺序，否则通过招标方式选择订单。

“市场老大”只要投入 1M 的广告费就可以优先选单。无论投入多少广告费，每次只能选 1 张订单，当所有有资格选单的企业第一轮选择完毕后，才能得到下一次选单机会。

4.3　产品研发、市场开发与 ISO 认证

新产品研发投资可以同时进行，按季度平均支付或延期。资金短缺时可以中断，但必须完成投资后方可接单生产。

研发投资计入综合费用，研发投资完成后持全部投资换取产品生产资格证。

R1 红色币、R2 橙色币、R3 蓝色币、R4 绿色币，均为原材料，每个价值均为 1M。所有生产线都能生产上述四种产品，所需支付的加工费相同，均为 1M，用灰色币表示。每条生产线同时只能有一个产品在线生产，开始生产时按照产品结构要求将原材料放在生产线上并支付 1M 的加工费开始生产。上线生产必须有原材料，否则必须停工待料，如图 4-1 和表 4-2 所示。

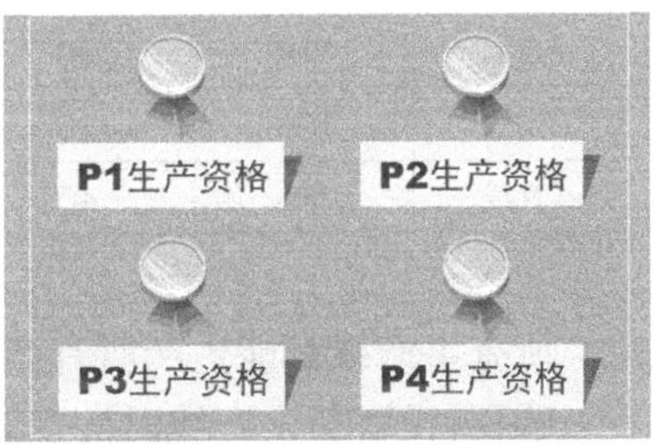

图 4-1　P1~P4 生产资格

表 4-2 产品研发时间投资表

产品	P1	P2	P3	P4
研发时间	2Q	4Q	6Q	6Q
研发总投资	2M	4M	6M	12M

ISO 9000、ISO 14000 两项认证可同时进行或者延期，相应投资完成后可以到指导老师处领取 ISO 资格证。研发投资与认证投资计入当年综合费用。

4.4 厂房的购买、租赁与出售

年底决定厂房是购买还是租赁，出售厂房计入 4Q 应收账款，购买后将购买价放在厂房价值处，厂房不提折旧。如果厂房中有生产线，则需要支付租金，租赁厂房的租金放在综合费用的租金项目下。出售厂房可以在运营的每个季度规定的时间进行，出售厂房的收入计入 4Q 应收账款。此处不是马上得到现金，若想马上得到现金可以对之整体贴现。厂房相关规则见表 4-3。

表 4-3 厂房相关规则

厂房	买价	租金	售价	容量
大厂房	40M	5M/年	40M	6 条生产线
小厂房	30M	3M/年	30M	4 条生产线

4.5 生产线的购买、转产与维护、出售、折旧

生产线的购买、转产、维护、出售等相关费用和周期，见表 4-4。

表 4-4 生产线相关规则

生产线	购置费	安装周期	生产周期	总转产费	转产周期	维修费	残值
手工线	5M	无	3Q	0M	无	1M/年	1M
半自动	10M	2Q	2Q	1M	1Q	1M/年	2M
自动线	15M	3Q	1Q	1M	1Q	1M/年	3M
柔性线	20M	4Q	1Q	0M	无	1M/年	4M

所有生产线都能生产所有产品，所需支付的加工费相同，为 1M/产品。

购买：投资新生产线时按安装周期平均支付投资，全部投资到位的下一个季度领取产品标识，开始生产。

转产：现有生产线转产生产新产品时可能需要一定转产周期并支付一定转产费用，最后

一笔支付到期一个季度后方可更换产品标识。

维护：当年在建的生产线和当年出售的生产线不用交维护费。

出售：出售生产线时，如果生产线净值小于残值，将净值转换为现金；如果生产线净值大于残值，将相当于残值的部分转换为现金，将差额部分作为费用处理（综合费用—其他）。

折旧：每年按生产线净值的 1/5 取整计算折旧。当年建成的生产线不提折旧，当生产线净值小于等于残值时，不再计提折旧，但是生产线可以继续使用。

4.6 原料的采购与产品生产

原材料采购涉及两个环节，即签订采购合同和按合同收货。材料采购时要注意采购提前期，R1、R2 需要提前一个季度下订单，R3、R4 需要提前两个季度下订单。下订单要是太早会造成原材料的积压，占用资金；订单下晚了则会造成停工待料，影响生产效率。原材料到达时，必须照单收货，支付原材料费。原材料采购如图 4-2 所示。

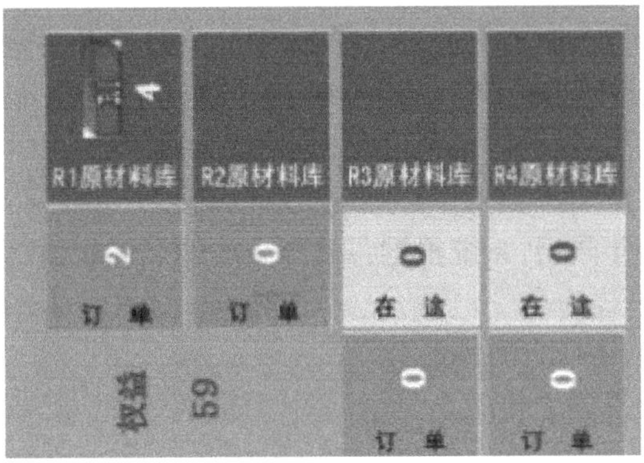

图 4-2 原材料采购示意

开始生产时按产品结构要求将原料放在生产线上并支付加工费，各生产线生产产品的加工费均为 1M。生产线一次只能生产一个产品。

4.7 综合费用与折旧、税金、利息

综合费用与折旧、税金、利息，如图 4-3 所示。

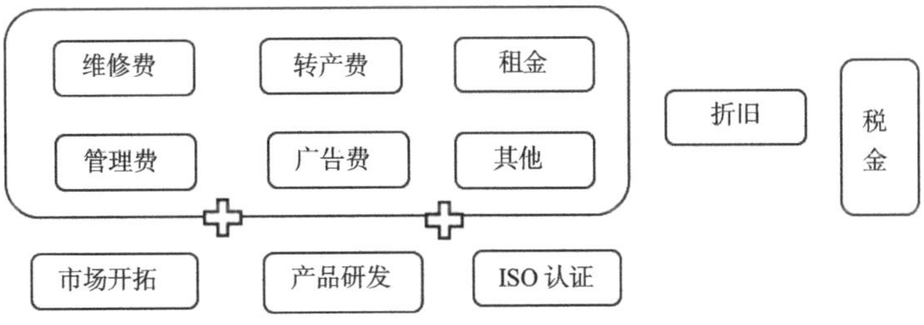

图 4-3 综合费用与折旧、税金、利息

综合费用:行政管理费、市场开拓、产品研发、ISO 认证、广告费、生产线转产、设备维修、厂房租金等计入综合费用。

折旧:设备折旧按年限平均法计算,每年按生产线净值的 1/5 取整计算折旧。当年建成的生产线不提折旧,当生产线净值小于等于残值时,不再计提折旧,但是生产线可以继续使用。

税金:每年所得税计入应付税金,在下一年年初交纳。所得税按照弥补以前年度亏损后的余额为基数计算,按照盈利的 25%向下取整提取税金。如果企业未盈利,则企业不交税金。

利息:企业发生利息、贴息等费用在利润表、损益表中单列为财务支出,不计入综合费用。

4.8 企业破产清算与企业经营绩效评价

1. 破产规则

所有者权益为负数则为破产。若流动资金不足,且没有办法融资也视为破产。破产企业可以和指导老师申请继续经营,但是应严格按照产能争取订单,破产企业的组队不能参加最后的成绩排名。

2. 企业经营业绩综合评价

在完成预定的经营年限后,系统根据各模拟企业的最终权益、生产能力、资源状态等进行综合评分,总分计算公式为

$$总分=权益 \times(1+A/100)-罚分$$

其中,A 为表 4-5 中各项得分之和。

表 4-5 企业综合发展潜力系数

生产线	手工生产线	5/条
	半自动生产线	7/条
	全自动生产线	10/条
	柔性生产线	10/条
产品	P1 产品生产资格证	10
	P2 产品生产资格证	10
	P3 产品生产资格证	10
	P4 产品生产资格证	10
市场	区域市场准入证	10
	国内市场准入证	10
	亚洲市场准入证	10
	国际市场准入证	10

续表

生产线	手工生产线	5/条
	半自动生产线	7/条
	全自动生产线	10/条
	柔性生产线	10/条
ISO	ISO 9000 资格证	10
	ISO 14000 资格证	10

注:生产线建成即加分,无须生产出产品,也无须有在制品;"市场老大"地位和厂房无加分。

罚分一般由指导教师制定标准,考虑的主要因素如下:

(1)是否在规定时间内完成当年经营;

(2)是否在规定时间内完成广告投放;

(3)报表的准确性;

(4)盘面与系统数据是否一致等。

第 5 章　电子沙盘软件操作——学生篇

5.1　软件安装与登录

本系统为服务器-客户机（Client-Server，C/S）结构，安全性和性能较高，用于 ERP 沙盘实验室教学和竞赛。系统分为服务器部分（监控系统、教师端系统）和客户部分（学生端）。

学生端安装的标准硬件配置如下（供参考）。

（1）CPU：双核以上。

（2）内存：4 GB 以上。

（3）硬盘空间：50 GB 以上。

（4）其他要求：标准 USB 接口。

开始安装时，以管理员的身份运行名为“setup”的应用程序，按照提示进行操作，默认安装文件夹于 C 盘，建议更改安装位置。安装中会出现图 5-1 所示提示，如没有特殊需求，建议选择修改选项。

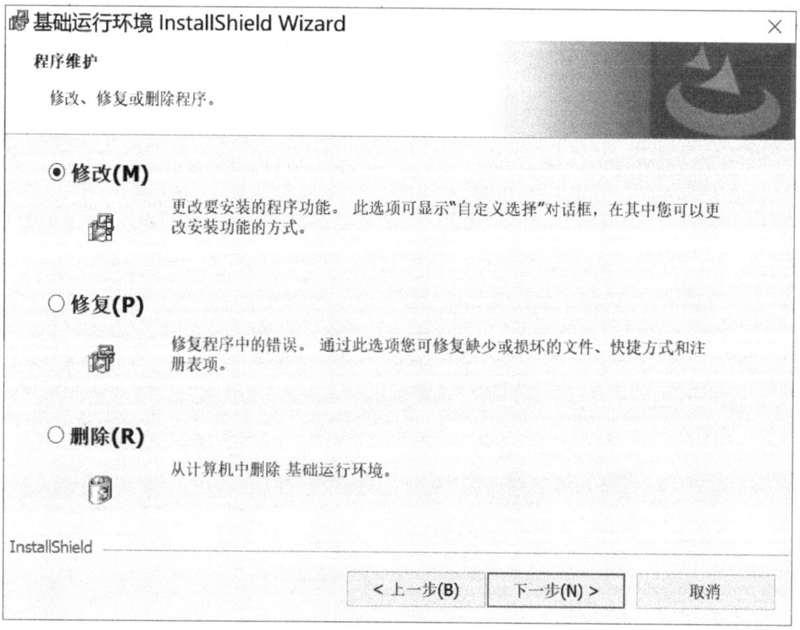

图 5-1　基础环境修改

安装完成后，会出现图 5-2 所示提示。

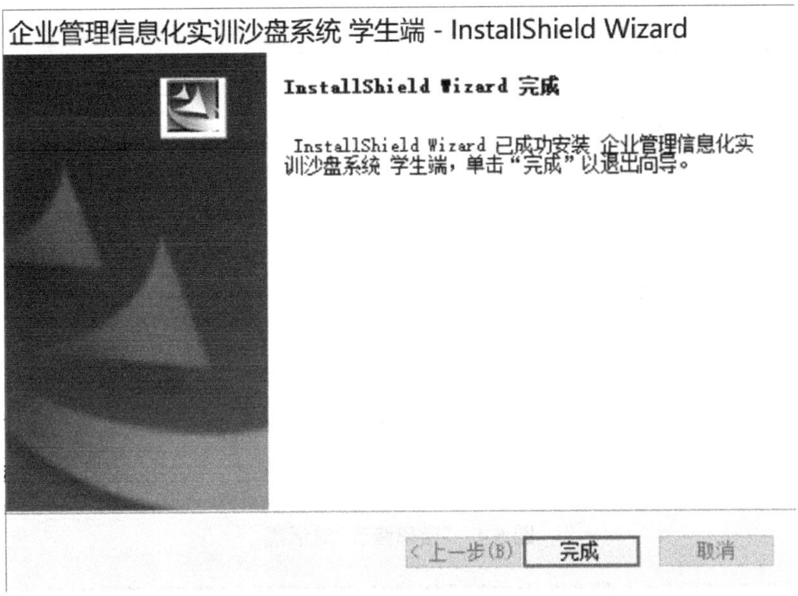

图 5-2　学生端安装

安装完成后，需要重新启动计算机，双击快捷方式，打开软件“标准版学生端”，当出现“连接服务器正常”提示，表示可以正常使用学生端，如图 5-3 所示。

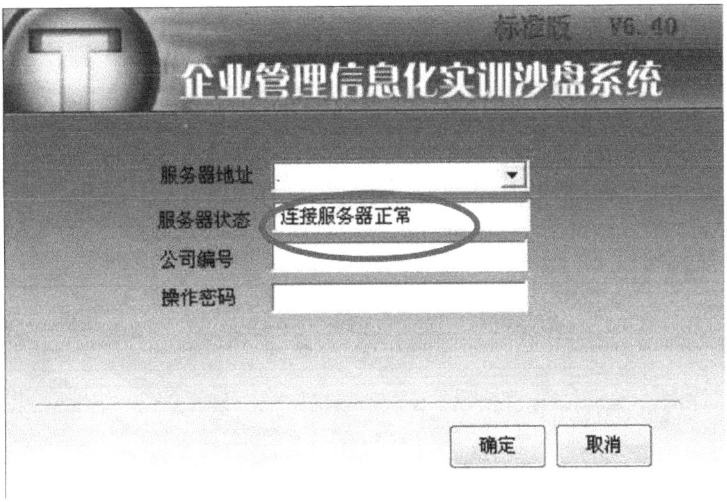

图 5-3　正常使用学生端

注意：服务器地址需要配置为 Windows 2003 服务器的 IP 地址。如果用户将整套软件安装在单机上，可以将服务器地址设置为“.”，则自动称为演示版。演示版具有标准版的全部功能，但只能运行 3 个会计年度。

下面登录系统，各企业首次登录时密码为空，进入系统后应先修改密码，如图 5-4 所示。

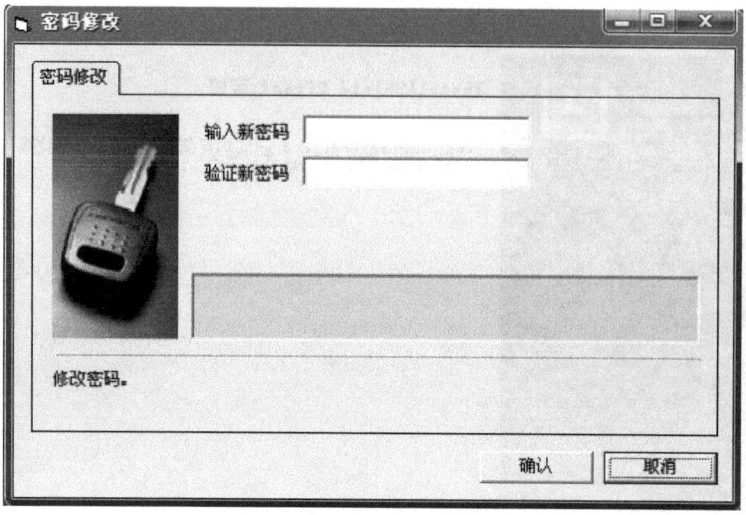

图 5-4 “密码修改”对话框

修改完成后，在图 5-3 的“操作密码”栏输入新密码进行登录，登录时注意要保持服务器连接畅通。

5.2 运营流程

登录成功后，进入主界面，如图 5-5 所示。

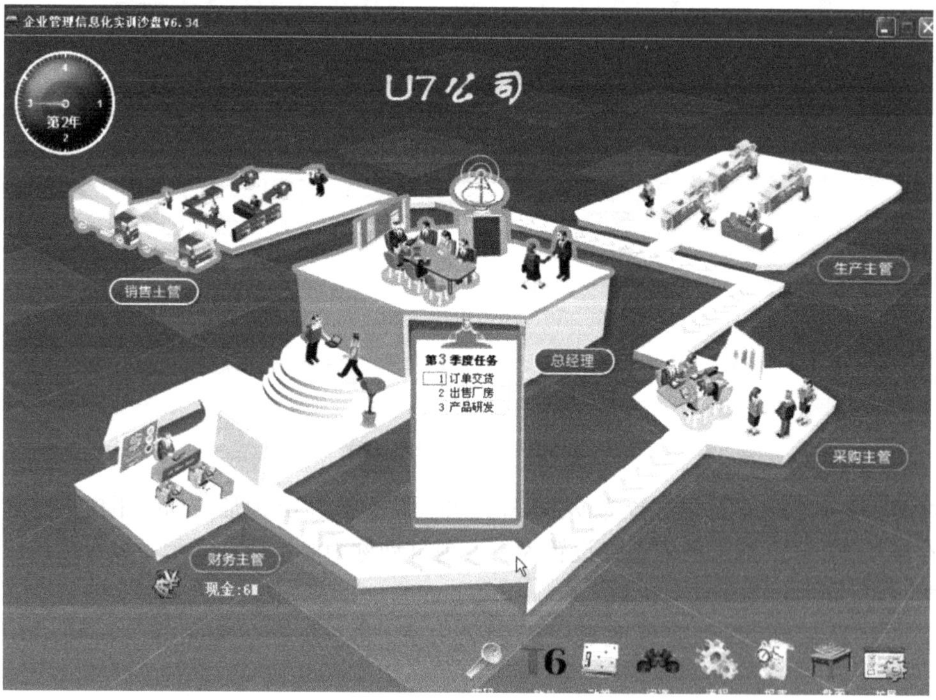

图 5-5 主界面

主界面被分为三大部分：左上角为业务运行区，当前可以使用的功能高亮显示，点击按钮即可进行业务处理，完毕后推进到下一步；左下角为业务拓展区，包括更多的业务处理功能以及 T6 对应处理的链接；右下角为业务引航区，包括手工流程仿真、自动报表、可视化盘面、间谍功能，能有效提高学生的学习兴趣、教师的工作效能。

企业经营流程须按照流程严格执行，CEO 根据销售竞单的情况发布执行指令。每项任务完成后，CEO 须在竞赛手册任务后对应的方格中打钩；并由 CFO 在竞赛手册任务后对应的方格内填写现金收支情况；生产总监在竞赛手册任务后对应的方格内填写在产品的上线、下线、结存情况及产品的研发投入情况；采购总监在竞赛手册任务后对应的方格内填写原材料的入库、出库及结存情况；销售总监在竞赛手册任务后对应的方格内填写产成品的入库、出库及结存情况。经营流程仿真如图 5-6 所示。

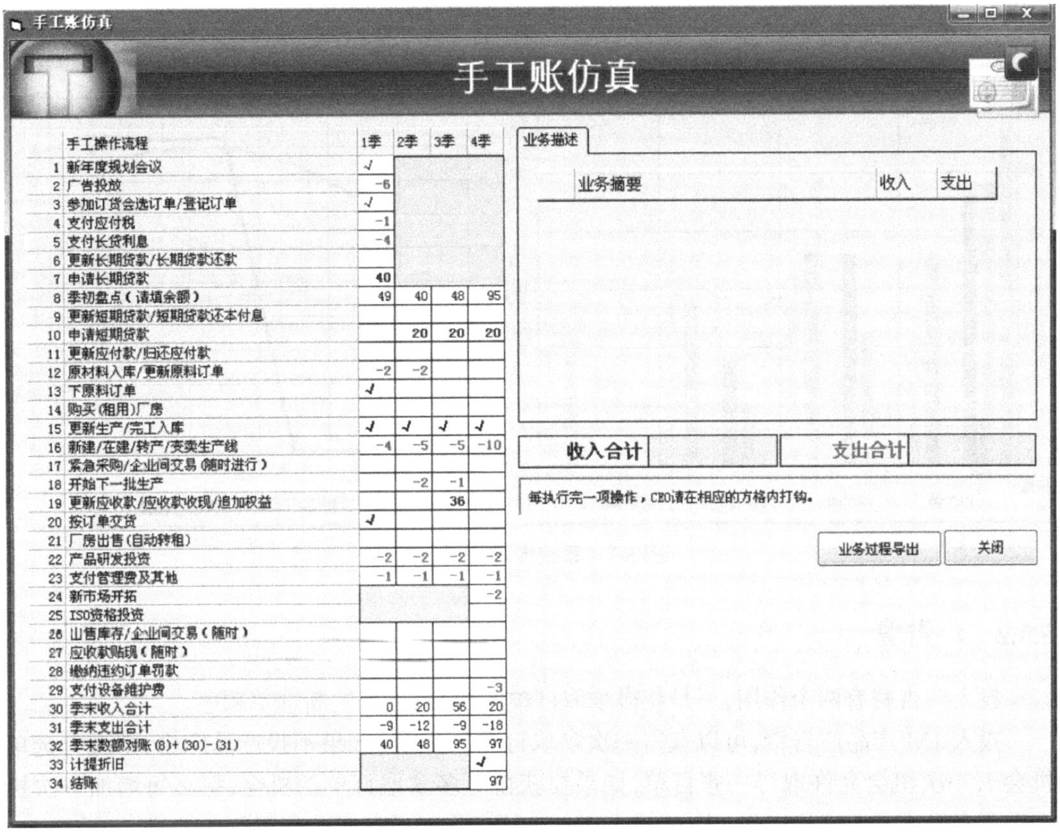

图 5-6　经营流程仿真

每步操作完成经系统确认后，便不能退回重做。沙盘上的运行结果必须与“系统”的结果一致，否则，以系统结果为准。

如果手工流程记录出现错误，可以通过主界面右下角的“流程”按钮，查询计算机自动生成的手工账仿真结果。

5.3 市场订单

5.3.1 市场预测

各企业可以根据信任的客户需求数据,及市场的预测安排经营。运行中的销售竞单在电子模拟运行系统中进行,各队在本队运行地参加市场订货会,在本地计算机上完成选单。选择主界面右下角的“扩展”图标,打开功能扩展窗口,点击“市场预测”图标,界面如图 5-7 所示。

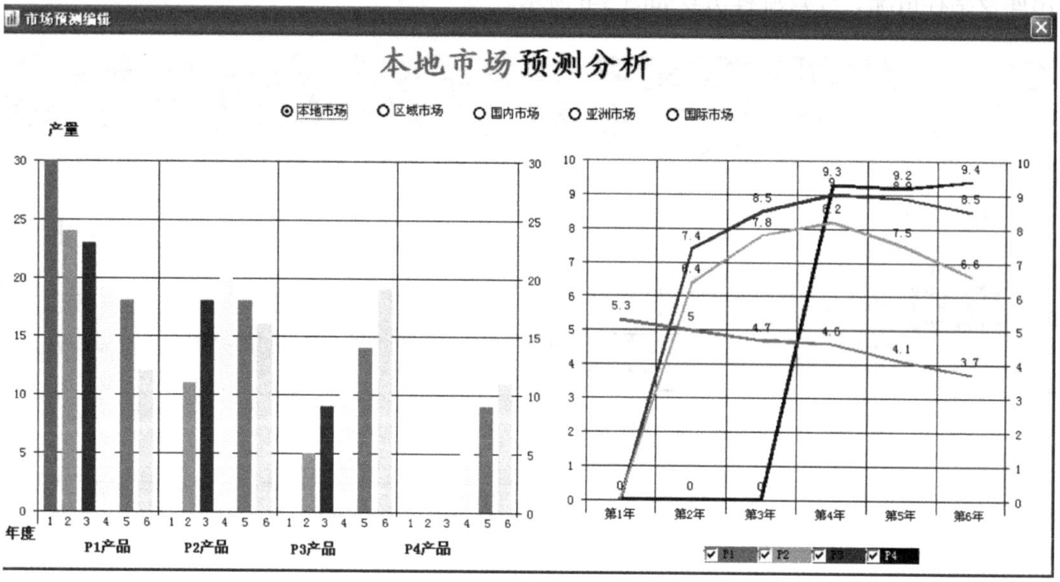

图 5-7 系统市场预测分析

5.3.2 广告费

投入广告费有两个作用,一是获得拿取订单的机会,二是判断选单顺序。

投入 1M 产品广告费,可以获得一次拿取订单的机会(如果不投产品广告,则没有选单机会),一次机会允许取得一张订单;如果要获得更多拿取订单的机会,那么每增加一次机会需要多投入 2M 产品广告,比如,投入 3M 产品广告表示有两次获得订单的机会,投入 5M 产品广告则表示有三次获得订单的机会,以此类推。无须对 ISO 单独投放广告,系统自动判定公司是否有 ISO 资格,确认其能否选有 ISO 要求的订单。

注:广告费用、上年应交税、长贷利息及到期本金,这三项内容在系统中是一起支付的。所以当投放广告费用时,如果当前剩余的现金不足以支付上述三项内容之和,就可能造成无法投放广告。

5.3.3　选单流程

各企业将广告费按市场、产品填写在广告发布表中；产品广告确定公司对订单的需求量；排定选单顺序，选单顺序依据以下顺序原则确定，上年本市场销售排名第一的队，如在该市场没有违约记录，则在本年该市场投入广告的产品中，优先选单；按照各队在本市场某一产品上投放广告费的多少，排定后续选单顺序；如果在一个产品投入的广告费用相同，则按照投入本市场广告费的总合（即 P1、P2、P3 和 P4 的广告费之和），排定选单顺序；如果本市场的广告总额也一样，则按照上年本企业在该市场上实现的销售额排名，排定选单顺序；如果上年实现的销售额也相同，则根据系统二次竞单决定选单顺序。

系统按上述规则自动排出选单顺序，自动分轮次进行选单。排定选单顺序的公司在每轮选单时，只能选择一张订单。当第一轮选单完成后，如果还有剩余的订单，则有资格的企业可以按选单顺序进入下一轮选单。前台大屏幕显示集中竞单和网上竞单，如图 5-8 所示。

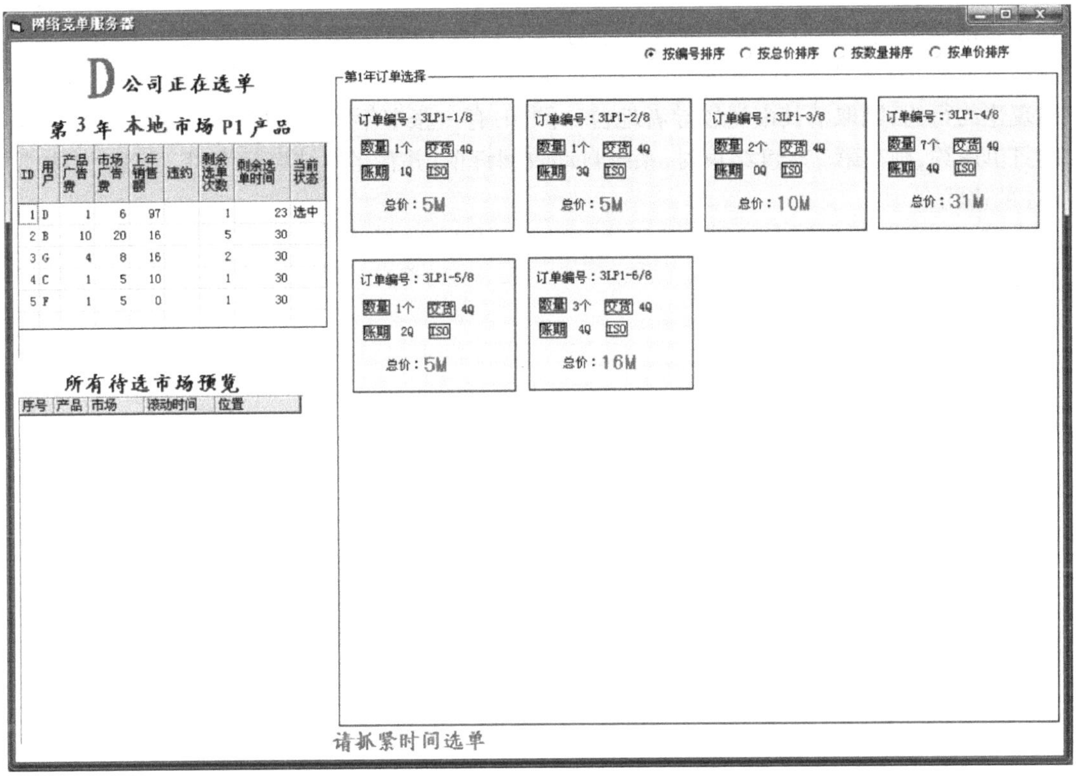

图 5-8　市场竞单过程

5.3.4　订单

订单类型、交货要求及取得订单的资格见表 5-1。

表 5-1 订单交货规则

订单类型	交货时间	获得订单资格要求
规定交货期的订单	在本年规定的第 X(1、2、3、4)季度的交货期之间交货	非破产企业
ISO 9000 订单	按订单规定的交货期	具有 ISO 9000 认证资格的企业
ISO 14000 订单	按订单规定的交货期	具有 ISO 14000 认证资格的企业
ISO 双认证订单	按订单规定的交货期	同时具有 ISO 9000 和 ISO 14000 认证的企业

注:交货期为最后期限,可在该交货时限之前进行交货,但不得延后,应收账款的时间从实际交货期算起。例如,当订单上的交货期为 3Q 时,则表示在当年的 1Q、2Q、3Q 交货均可。

5.3.5 关于违约问题

所有订单要求在本年度完成(按订单上的产品数量交货)。如果订单没有完成,则按下列条款加以处罚。所有订单未能按规定时间交货的,按订单销售总额的 25%(销售总额/4 后向下取整)计算违约金,并在当年扣除。违约订单一律收回。市场领导者如果在该市场出现违约行为,则取消其市场领导者地位。例如:有一张本年第三季度交货,销售额为 22M 的订单违约,则在第三季度结束时,系统自动收回订单,并在当年结束运作时,从现金中扣除 5M 的违约金。

5.4 业务运行区

5.4.1 广告业务

每年年初,需要打广告。能够做广告投入的产品和市场必须是已经开发出来的,系统将在广告窗口中自动显示。填写完毕后,点击“提交”按钮,如图 5-9 所示。

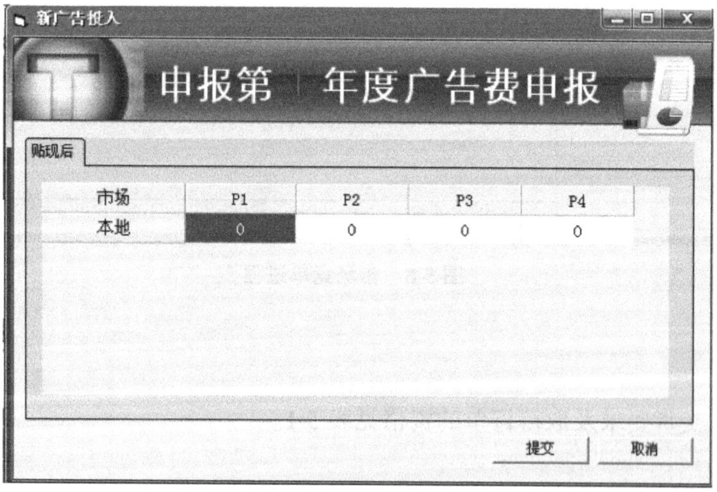

图 5-9 “新广告投入”对话框

5.4.2　银行贷款

在和模式下，长短期贷款的总额度为上年权益的指定倍数；在分模式下，长短期贷款的额度分别为上年权益的指定倍数。长期贷款基本贷款单位为 10M，每年年初申请新贷款，每年年初支付利息，到期还本付息，默认情况下利率为 10%。短期贷款基本贷款单位为 20M，每季度初申请新贷款，利随本清，每季度初系统自动扣除短贷本息，默认情况下利率为 5%。高利贷与短期贷款操作相同，默认情况下利率为 20%，最大额度为 60M。“银行贷款业务”对话框如图 5-10 所示。

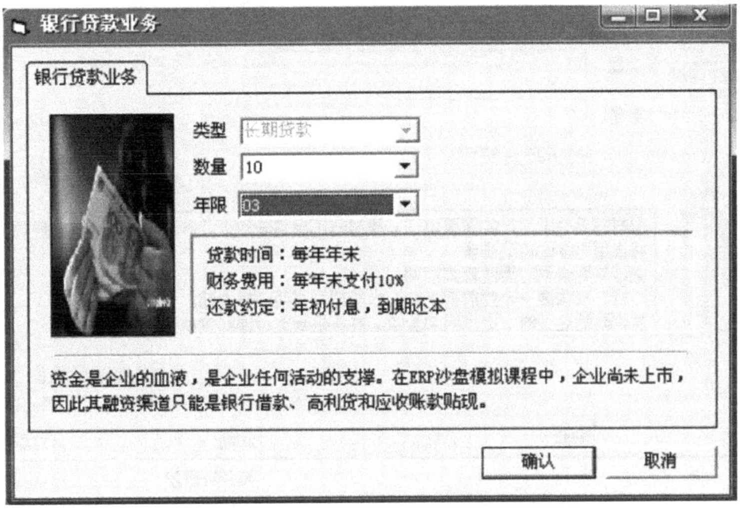

图 5-10　“银行贷款业务”对话框

银行贷款规则说明如下。

（1）长期贷款每年必须归还利息，到期还本。本利双清后，还有额度时，允许重新申请贷款，即如果有贷款需要归还，同时还拥有贷款额度，则必须先归还到期的贷款，才能申请新贷款。不能以新贷还旧贷（续贷），短期贷款也按本规定执行。

（2）结束年时，不要求归还没有到期的各类贷款。

（3）长期贷款最多可贷 5 年。

（4）所有的贷款不允许提前还款。

（5）企业间不允许私自融资，在经营期间，只允许向银行贷款。

5.4.3　原材料业务

下原料订单如表 5-2 和图 5-11 所示，原材料入库及在途原料向前推进一个提前期。系统要求入库的原材料必须确认支付现金，原材料到货付现或记入应付账款，否则系统不允许通过。

表 5-2　原材料订单规则

原材料	R1	R2	R3	R4
价格	1M	1M	1M	1M
提前期	1Q	2Q	3Q	4Q

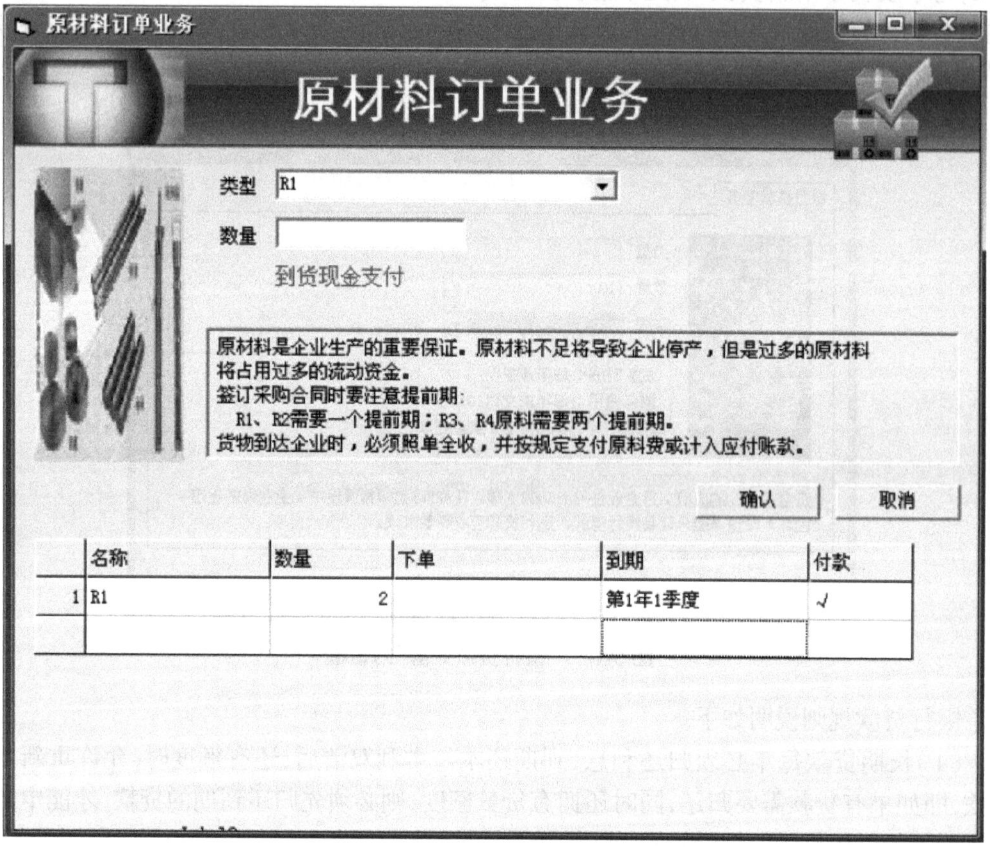

图 5-11　原材料订购处理

5.4.4　购买厂房

厂房为一大(6 条生产线)、一小(4 条生产线),需要使用厂房必须在“系统”中选择租用或购买,如图 5-12 所示。

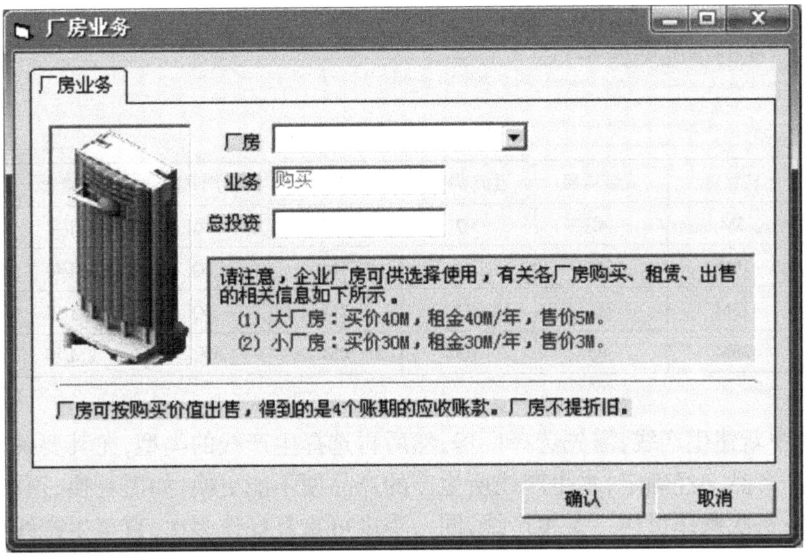

图 5-12　购买厂房业务处理

选择购买厂房时，需在系统中选择大或小厂房，然后确认获得，系统将自动从现金中扣除厂房价值。

如果没有购买厂房，而是直接使用生产线，则系统自动认为是租用厂房，租金按照大厂房 5M/年、小厂房 3M/年计算，当季扣除一年租金。如果在租用过程中，购买了此厂房，则自动取消租赁。

5.4.5　生产管理

生产管理业务处理如图 5-13 所示。

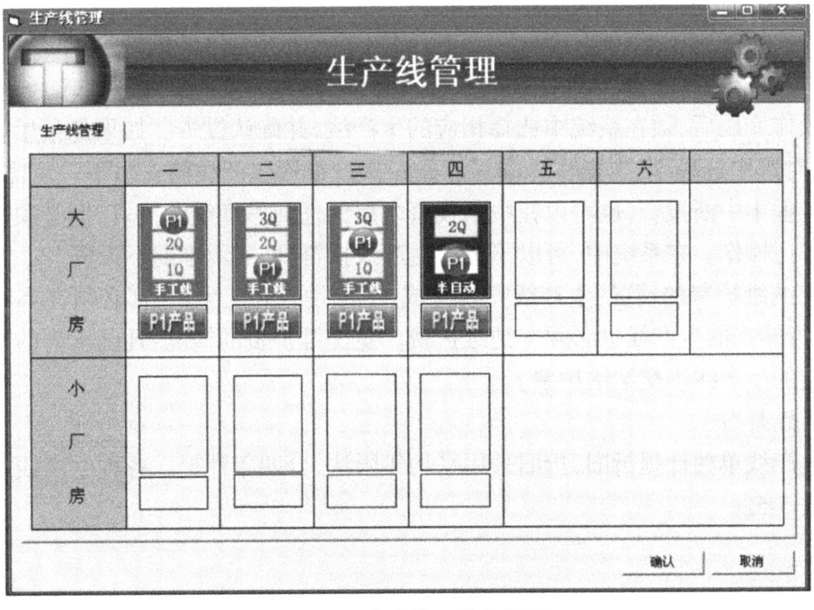

图 5-13　生产管理业务处理

1. 新建生产线

各种生产线的情况见表 5-3。

表 5-3 生产线情况

生产线	购置费	安装周期	生产周期	总转产费	转产周期	维修费	残值
手工线	5M	无	3Q	0M	无	1M/年	1M
半自动	10M	2Q	2Q	1M	1Q	1M/年	2M
自动线	15M	3Q	1Q	2M	1Q	2M/年	3M
柔性线	20M	4Q	1Q	0M	无	2M/年	4M

在系统中新建生产线，需先选择厂房，然后再选择生产线的类型，尤其要确定生产产品的类型；生产产品一经确定，本生产线所生产的产品便不能更换，如需更换，须在建成后，进行转产处理；每次操作可建一条生产线，同一季度可重复操作多次，直至生产线位置全部铺满；新建生产线一经确认，即刻进入第一期在建，当季便自动扣除现金；到交易台领取生产线，放置在沙盘上对应的生产线位置，然后放入第一期投资。

2. 在建生产线投资

购买生产线之后，需要进行二期以上投资的均为在建生产线。当需要进行二期以上的投资时，手工操作需按照该生产线安装周期分期投资并安装（表 5-4），如自动线安装操作。

表 5-4 生产线投资安装

操作	投资额	安装完成
1Q	5M	启动 1 期安装
2Q	5M	完成 1 期安装，启动 2 期安装
3Q	5M	完成 2 期安装，启动 3 期安装

手工操作完成后，须在系统中选择相应的生产线，并确认投资。如果几条生产线同时投资，则需同时选中选择项，本操作一季只能做一次。投资生产线的支付不一定需要连续，可以在投资过程中中断投资，也可以在中断投资之后的任何季度继续投资，但必须按照上表的投资原则进行操作。在系统中，可以不选择生产线投资，即表示本期不投资。

必须交纳维护费的情况：生产线安装完成，不论是否开工生产，都必须在当年交纳维护费；正在进行转产的生产线也必须交纳维护费。免交维护费的情况：凡已出售的生产线和新购正在安装的生产线不交纳维护费。

3. 生产线折旧

每条生产线单独计提折旧，折旧采用平均年限法，分四年计提。各种生产线每年折旧额的计算见表 5-5。

表 5-5　生产线折旧额计算表

生产线	购置费	残值	1 年	2 年	3 年	4 年	5 年
手工线	5M	1M	0	1M	1M	1M	1M
半自动	10M	2M	0	2M	2M	2M	2M
自动线	15M	3M	0	3M	3M	3M	3M
柔性线	20M	4M	0	4M	4M	4M	4M

当年新建成的生产线不计提折旧。完成规定年份的折旧后，剩余的残值可以保留，该生产线也可继续使用，直到该生产线变卖为止。在系统中，生产线折旧为年末自动处理。

4. 生产线转产

在系统中，需选择带转产的生产线，然后确定转产的产品，确认处理即可。系统将自动按照表 5-3 中的总转产费，扣除现金，并将该生产线置于转产状态。

5. 生产线变卖

生产线变卖时，将变卖的生产线按残值放入现金区，其他剩余价值放入“其他”费用，记入当年“综合费用”，并将生产线交还给供应商即可完成变卖。

在系统中，需要选择要变卖的生产线，然后确认改变即可，残值及扣除残值后的剩余价值，自动转移到现金和费用中。

6. 开始下一批生产

当下原料订单结束后，系统自动更新生产。此时，可以开始下一批生产，只要选择空线，并确认生产即可。系统将自动扣除原料和现金（加工费），如果原料和现金不够，系统提示，并且放弃本次上线生产。

5.4.6　系统自动更新应收账款

每次记录的应收账款显示在盘面上，并随着时间进度往前更新和推进。当到期日到来时，系统自动兑现应收账款，如图 5-14 所示。

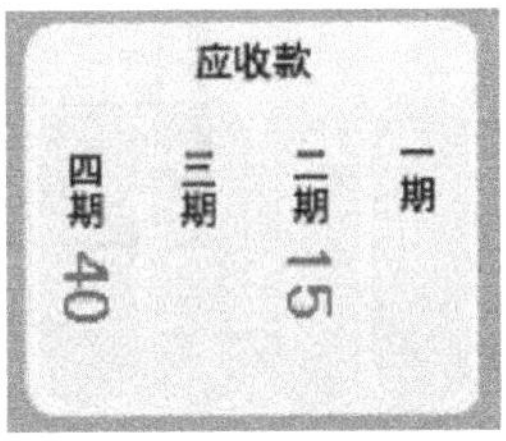

图 5-14　应收账款更新

5.4.7　订单交货

当企业生产出足够数量的产成品后，需要及时按订单交付产品。交付时，选择要交付的订单号，如果数量满足，则系统交付成功，自动记录进入应收账款或现金，同时该种产品的库存数量减少。

5.4.8　厂房出售

正常情况下出售厂房后，直接转入 4Q 的应收账款。但在急用的情况下，且操作步骤没有轮到变卖厂房的操作时，可以利用本功能直接将厂房的价值按照 4Q 应收账款贴现（按 1：7 的比例）。例：如果紧急出售有生产线的大厂房，则将实际转入现金 30M，其中 5M 转入贴现费用、5M 转入厂房租金。

5.4.9 产品研发

要想生产某种产品，先要获得该产品的生产许可证，而要获得生产许可证，则必须经过产品研发。P 系列产品都需要研发后才能获得生产许可。研发需分期投入研发费用。产品研发规则见表 5-6，产品研发操作处理过程如图 5-15 所示。

表 5-6 产品研发规则

名称	开发费用	开发总额	开发周期	加工费用	直接成本
P1	1M/季	2M	2 季	1M	2
P2	1M/季	4M	4 季	1M	3
P3	1M/季	6M	6 季	1M	4
P4	2M/季	12M	6 季	1M	5

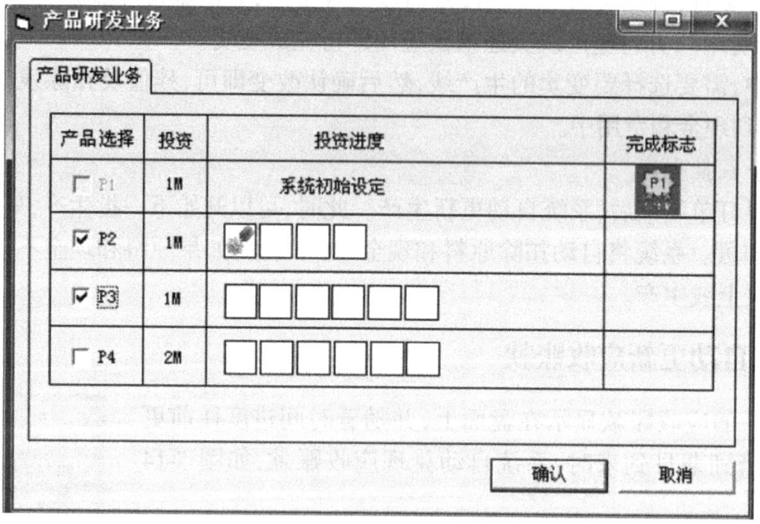

图 5-15 产品研发操作处理过程

5.4.10 市场研发

每个市场开发每年最多投入 1M，允许中断或终止，不允许超前投资。投资时，将 1M 放到“市场准入”的位置处。当投资完成后，带着某市场的全部开发费到监督员处换取相应的市场准入证，并将准入证放在盘面的相应位置。只有拿到准入证才能参加相应市场的订货会。每年只有一次操作机会，在第四季度。市场研发规则见表 5-7。

表 5-7 市场研发规则

市场	每年投资额	投资周期	全部投资总额
本地	1M	1 年	1M

续表

市场	每年投资额	投资周期	全部投资总额
区域	1M	1 年	1M
国内	1M	2 年	2M
亚洲	1M	3 年	3M
国际	1M	4 年	4M

5.4.11　ISO 认证

ISO 认证需分期投资开发，每年一次，在第四季度，可以中断投资，但不允许集中或超前投资。ISO 认证投资规则见表 5-8。

表 5-8　ISO 认证投资规则

ISO 类型	每年投额	投资	最小投资周期
ISO 9000	1M/年	2M	2 年
ISO 14000	2M/年	4M	2 年

5.4.12　财务报表

各企业在每个经营年末需编写并上交财务报表，提交若有错误，报表申报窗口将自动给出该报表产生多少处错误，要求使用者修正。如果时间紧迫，则可以使用强制提交报表，计算机将自动报送正确报表，如图 5-16 所示，但要扣除一定的代理记账费用。

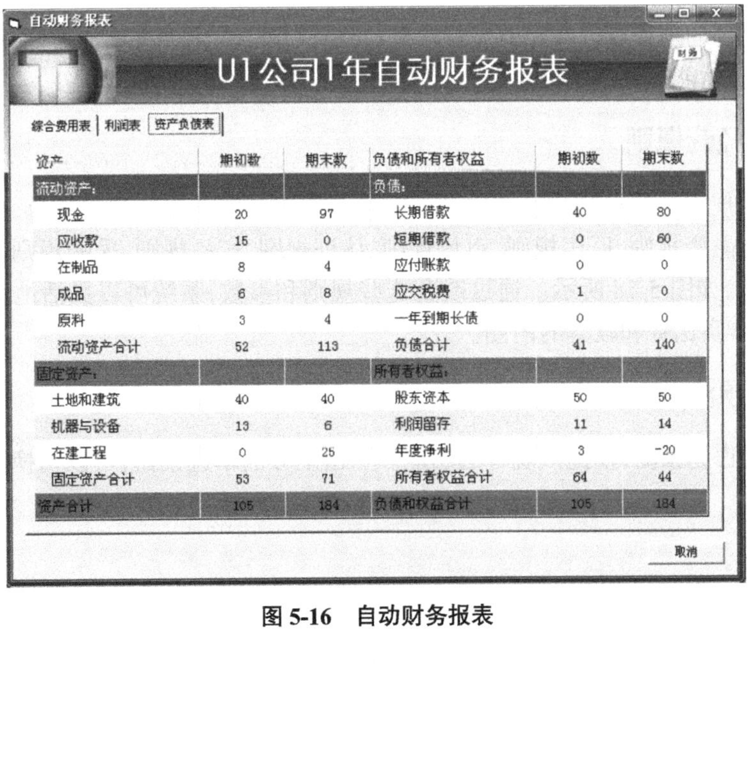

图 5-16　自动财务报表

5.5 业务拓展区

拓展业务包括企业经营规则、市场预测、网上竞单、竞拍投标、订单查阅、成果展示、数据分析、紧急采购、出售库存、产品交易、原料交易、出售厂房、应收贴现、业务回退、公司信息等,如图 5-17 所示。

图 5-17 业务拓展版功能列表

业务扩展区的项目可以在经营过程中随时操作,属于自由业务。需要注意的是,在提交报表后,大部分功能被限制使用。

5.5.1 企业经营规则

企业经营规则是展示给学生的本次教学经营所有必须了解的规则集合,分为生产线规则、折旧规则、融资规则、厂房规则、市场规则、认证规则、产品规则、采购规则、加减分规则、其他重要参数,如图 5-18 所示。通过改变这些规则和参数,系统可以灵活地调整经营过程的复杂程度,丰富比赛和教学的内涵。

5.5.2 市场预测

学生端的市场预测,仅提供观看的功能。点击上方的单选按钮,可以切换到不同市场进行数据观察。

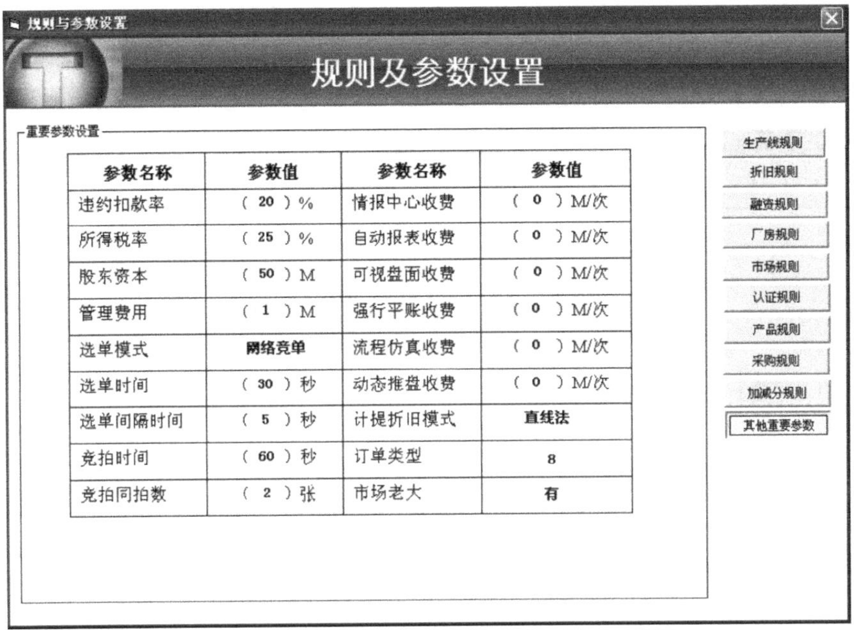

参数名称	参数值	参数名称	参数值
违约扣款率	(20) %	情报中心收费	(0) M/次
所得税率	(25) %	自动报表收费	(0) M/次
股东资本	(50) M	可视盘面收费	(0) M/次
管理费用	(1) M	强行平账收费	(0) M/次
选单模式	网络竞单	流程仿真收费	(0) M/次
选单时间	(30) 秒	动态推盘收费	(0) M/次
选单间隔时间	(5) 秒	计提折旧模式	直线法
竞拍时间	(60) 秒	订单类型	8
竞拍同拍数	(2) 张	市场老大	有

图 5-18　经营规则展示

5.5.3　网上竞单

在广告投放后，就可以使用“网上竞单”功能进行市场竞单，如图 5-19 所示。当服务器端开始发放订单时，窗口左上角将显示所有投资广告的企业竞单顺序和回合数，并开始倒计时。学生若要选单，必须等待“选取此单”和“放弃选单”的按钮都可用时，方可选取。选取的方式是，在右侧的订单区，选择一张订单，然后点击“选取此单”按钮，已经选择的按钮将显示在左下角的网格内。如果不想选择，可以点击“放弃选单”按钮，选择权利将转移到下一个公司。通过右上角的单选按钮，用户可以对订单按要求进行排序。

5.5.4　竞拍投标

在第 4 年和第 6 年订货会后，召开竞单会(具体竞拍订单的信息将在第 3 年和第 5 年经营结束后分别公布)。参与竞标的订单标明了订单编号、市场、产品、数量、ISO 要求等，而总价、交货期、账期三项为空，如图 5-20 所示。

竞标订单的相关要求说明如下。

1. 投标资质

参与投标的企业需要有相应市场、ISO 认证的资质；中标的企业需为该单支付 1M 标书费，计入广告费，没有中标的公司无须交纳费用；如果已竞得单数加上本次同时竞单数大于现金余额，则不能再竞标，即必须有一定现金库存作为保证金。如同时竞标 2 张订单，库存现金为 3M，如果竞得了这 2 张订单，扣除了 2M 标书费，还剩余 1M 库存现金，则不能继续参与其他竞单；参加订货会后，直接进入竞拍会，其间不能进行贴现。

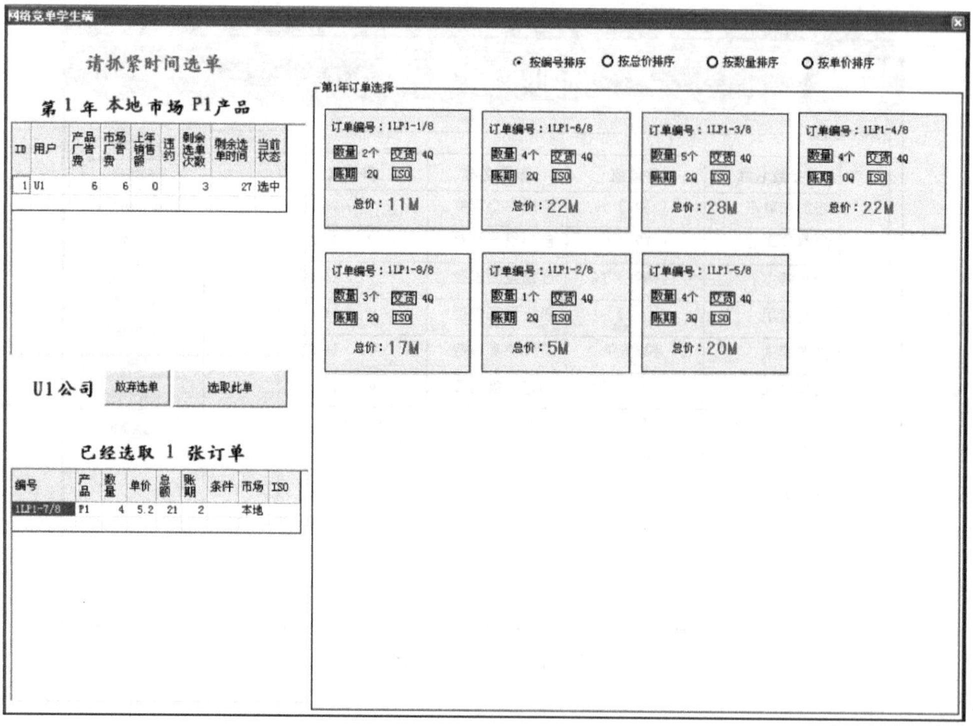

图 5-19 网络竞单过程

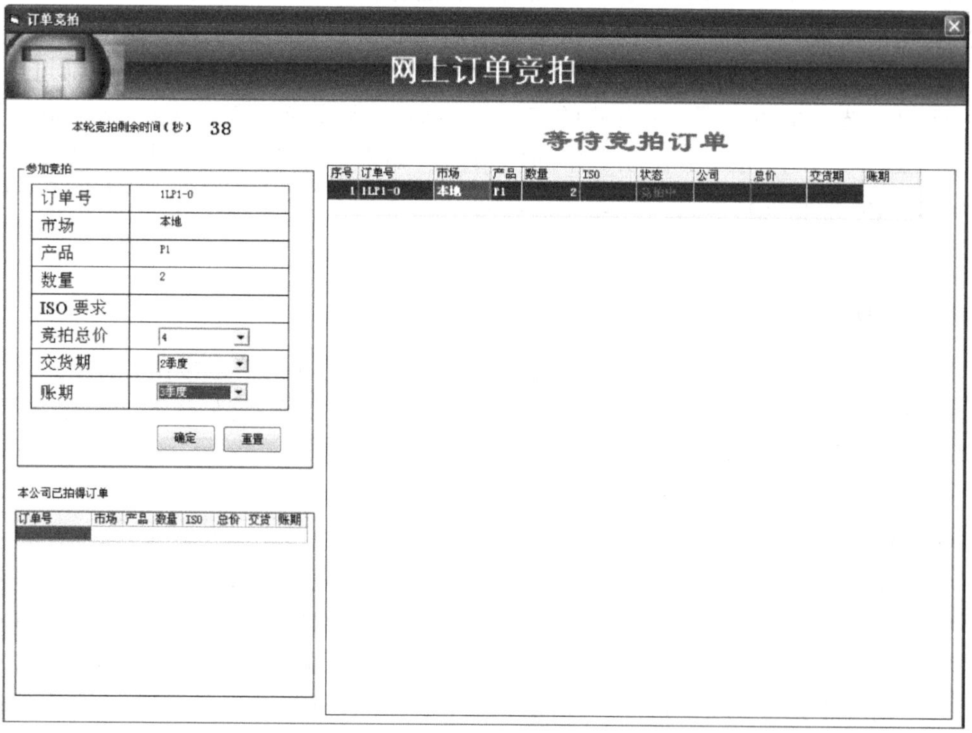

图 5-20 订单竞拍过程

2. 投标

参与投标的企业须根据所投标的订单，在系统规定时间（80 秒，以倒计时的形式显示）填写总价、交货期、账期三项内容，确认后由系统按照计分规则计算得分，以得分最高者中标。如果计算分数相同，则先提交者中标。

$$得分 = 100 + (5 - 交货期) \times 4 + 应收账期 - 总价$$

其中，总价不能低于成本价（可以等于成本价），也不能高于成本价的 3 倍（可以等于成本价的 3 倍），总价必须是整数。

5.5.5　订单查阅

用户在任何时间都可以查阅订单，包括未交付订单、已交付订单、违约订单等，如图 5-21 所示。

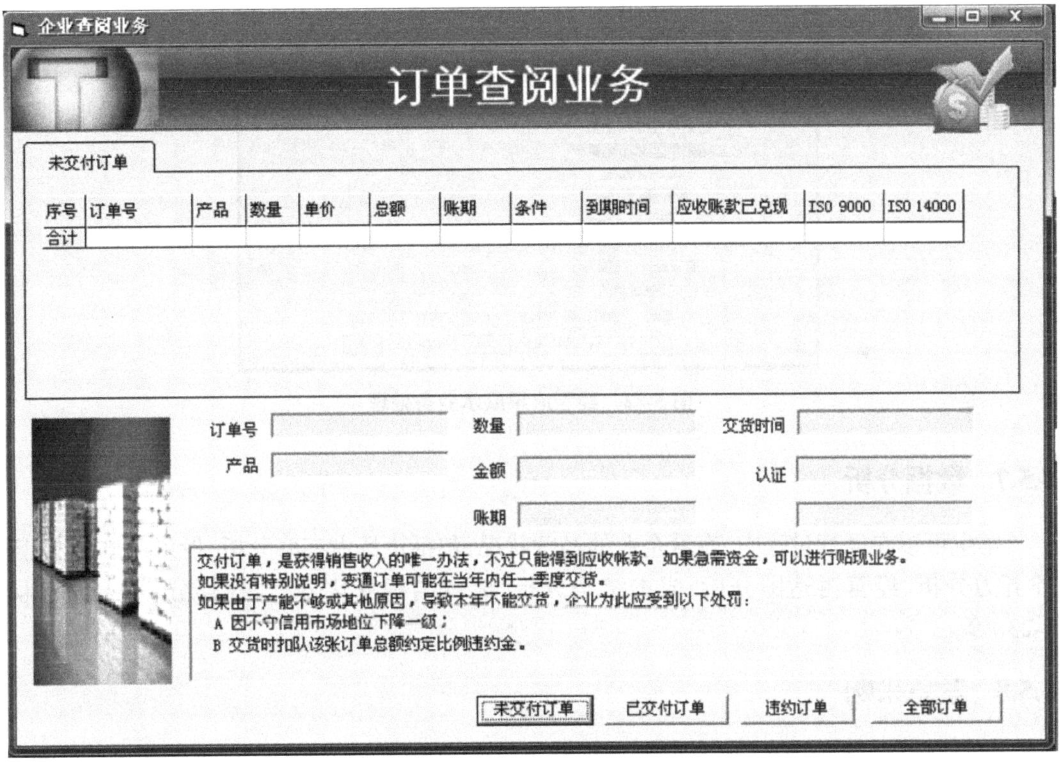

图 5-21　订单查阅业务处理

5.5.6　成果展示

经营过程中，学生可以在客户端查看经营的成果，并检查分数详情，如图 5-22 所示。

项目	计算方法	数量	最终值
大厂房	10	1	10
小厂房	10		
手工生产线	10	2	20
半自动生产线	10	1	10
全自动生产线	10	2	20
柔性生产线	10		
本地市场	10		10
区域市场	10		
国内市场	10		
亚洲市场	10		
国际市场	10		
ISO 9000	10		
ISO 14000	10		
P1产品研发	10		10
P2产品研发	10		
P3产品研发	10		
P4产品研发	10		
结束年本地市场第一	0		
结束年区域市场第一	0		
结束年国内市场第一	0		
结束年亚洲市场第一	0		
结束年国际市场第一	0		
高利贷扣减	5/次		
报表错误扣分	3/次		
广告延误扣分	2/分钟		
报表延误扣分	2/分钟		
加分合计（A值）	合计		80
扣分合计			

总分= 当前权益 ×（1 + A /100 ）- 扣分

79 = 44 ×（1+ 80 /100 ）- 0

图 5-22 经营成果展示业务处理

5.5.7 数据分析

学生可以在经营过程中，查看企业的经营状况，包括市场占有率分析、投入产出分析、财务五力分析、经营雷达图分析、成本结构分析、成本结构变化分析、杜邦分析法分析（图 5-23）等。

5.5.8 紧急采购

如果原材料预定不够，又需要当期采购，则可以使用紧急采购功能，每种原材料单价为 2M。紧急采购产成品的价格为直接成本的 3 倍。在系统的紧急采购功能中，选择需要紧急采购的原材料或成品，并输入订货量后确认订购，如图 5-24 所示。

5.5.9 出售库存

现金断流时，可以采用处理原料和产品的方式融资。产成品可以按照成本价售出；原料按照成本价的 8 折售出，所得到的金额向下取整，例如：出售 6 个 R1 原料将获得 4M 现金。在系统最下行的图标中双击“出售库存”，输入出售数量，点击“确定”按钮。

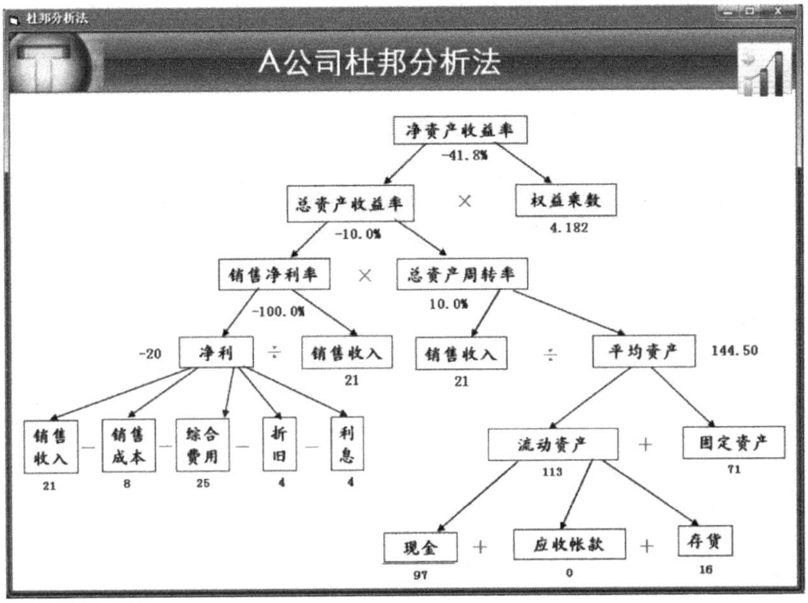

图 5-23　杜邦分析法

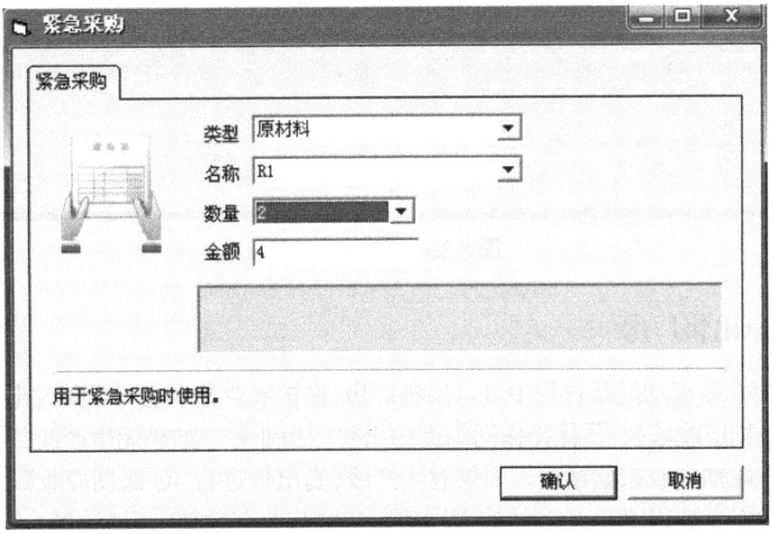

图 5-24　紧急采购功能

5.5.10　产品交易

企业间可以交易产成品。交易时，必须是卖方先发出邀约，买方签字同意后，交易才能达成。资金将从买方自动拨转到卖方，交易标的物将从卖方转移到买方。

5.5.11　原料交易

企业间也可以进行原料交易。交易时，必须是卖方先发出邀约，买方签字同意后，交易才能达成。资金将从买方自动拨转到卖方，交易标的物将从卖方转移到买方，如图 5-25 所示。

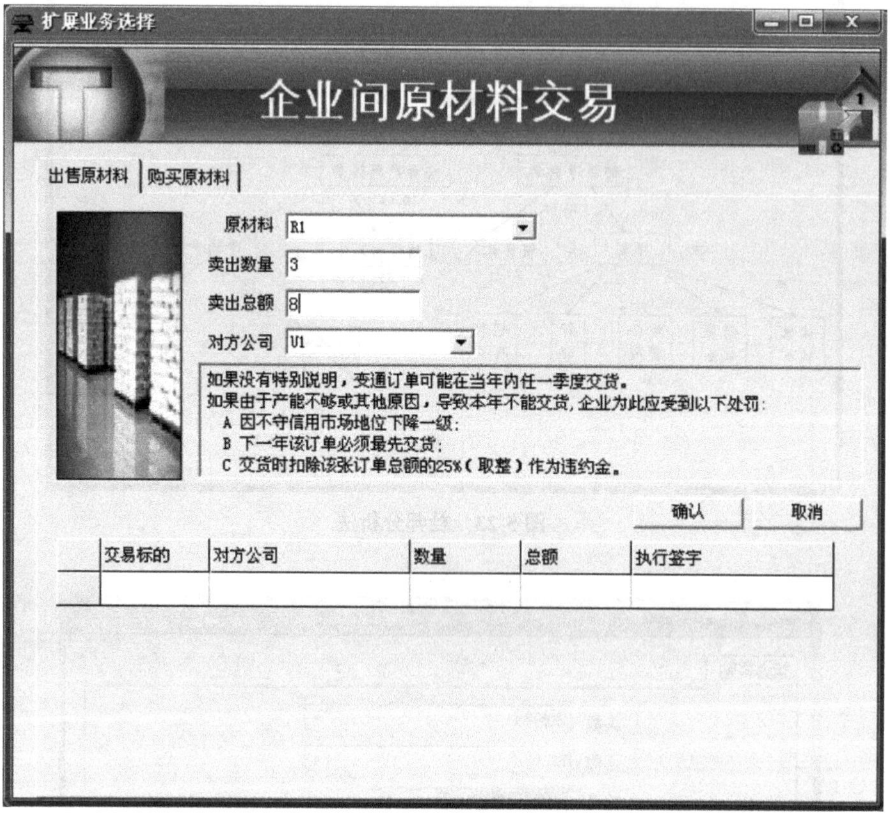

图 5-25 出售库存功能

5.5.12 紧急出售厂房

除了在每个季度的经营过程中可以出售厂房，在扩展业务中也可以随时出售厂房，出售后也是 4Q 账期应收账款，具体操作同季度内出售厂房业务。如果无生产线，现金额等于卖出价进行 4Q 账期应收账款贴现。如果有生产线，卖出价进行 4Q 账期应收账款贴现后，再扣除厂房租金（例如：出售有生产线的大厂房，40M 应收账款转为现金 30M、贴现费用 5M、租金 5M；小厂房则为 30M 应收账款转为现金 23M、贴现费用 4M、租金 3M）。

5.5.13 应收贴现

不同账期的应收账款采用不同的贴现率，1、2 期应收账款按 1∶9（10M 应收账款交 1M 贴现费，小于 10M 的贴现均收取 1M 贴现费）的比例贴现，3、4 期应收账款按 1∶7（8M 应收账款交 1M 贴现费，小于 8M 的贴现也收取 1M 贴现费）的比例贴现。只要有足够的应收账款，可以随时贴现（包括次年支付广告费时，也可以使用应收贴现）。贴现操作选择某一账期的应收账款，然后确认即可，如图 5-26 所示。

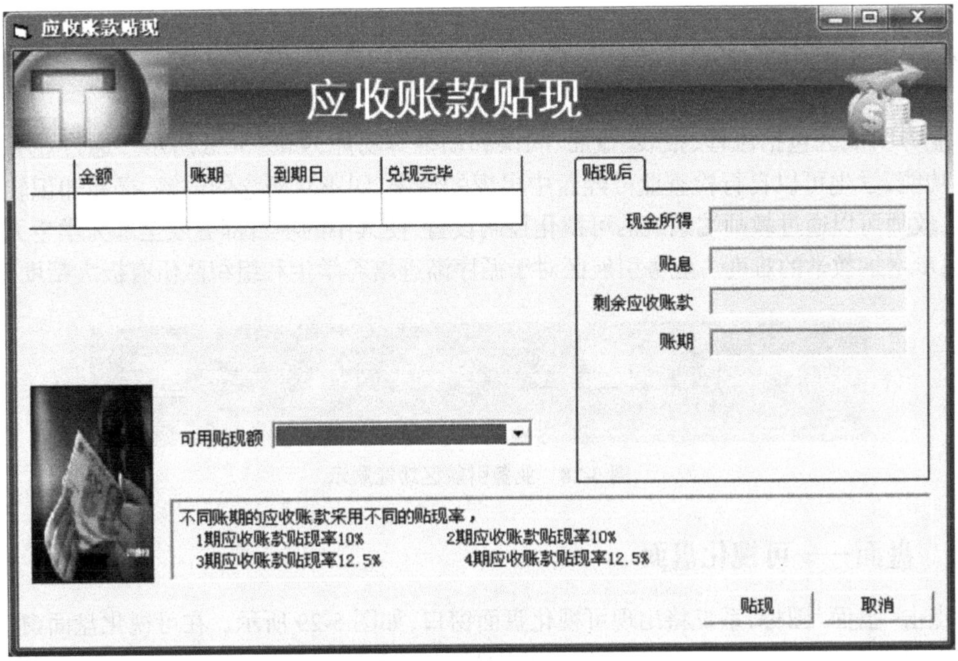

图 5-26　应收账款贴现的业务处理过程

5.5.14　业务回退

为了保证学生在开始学习本系统时，能够更正错误，系统提供了业务回退功能，可以随时退回到已经执行业务的季度。具体操作是，选择“可退回季度”下拉列表，然后点击“确定”按钮，系统将自动执行回退，如图 5-27 所示。

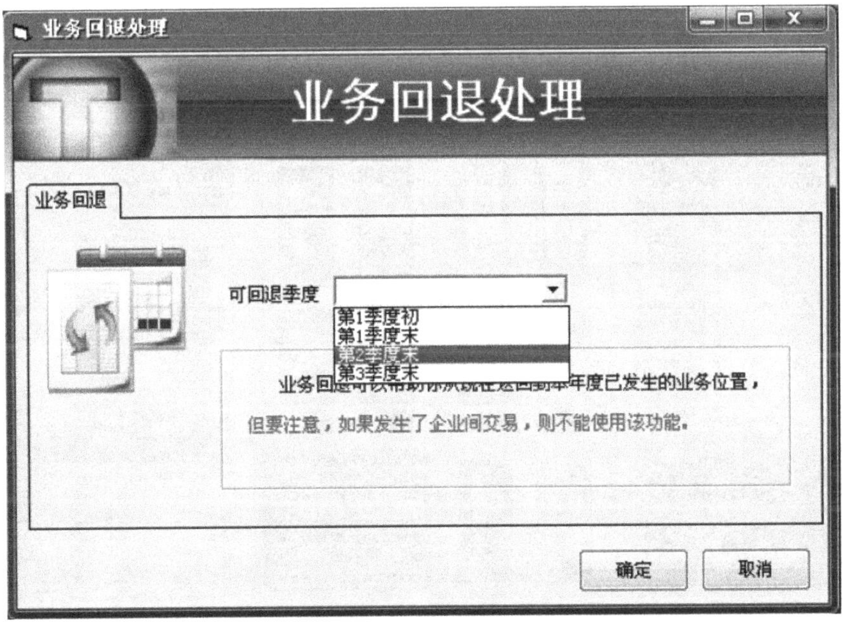

图 5-27　业务回退功能

5.6 业务引航区

业务引航区包括流程、报表、盘面、间谍和动推等功能，如图 5-28 所示。通过业务引航区的功能，学生可以自行检查业务经营中出现的错误，纠正对概念的误解，提高知识转移的效果；教师可以通过教师端系统的可视化控制设置，使其中的项目部分或全部为学生无法看到，逐步增加教学的难度。业务引航区对于循序渐进培养学生和组织队伍有极大帮助。

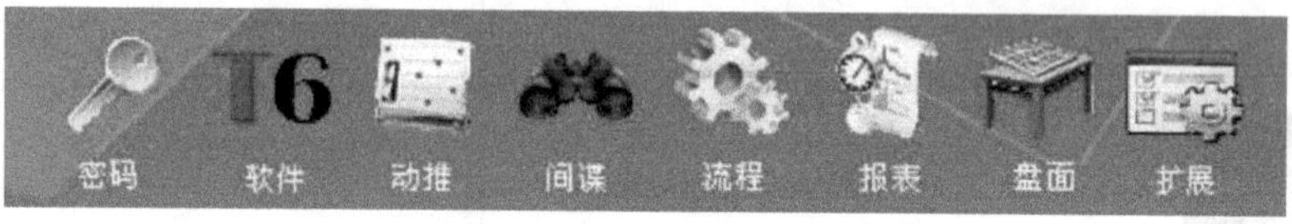

图 5-28 业务引航区功能展示

5.6.1 盘面——可视化盘面

点击“盘面”图标，系统将出现可视化盘面窗口，如图 5-29 所示。在可视化盘面窗口中，以手工盘面的形式展示了目前学生端的经营状况，并动态展示现有的权益。通过可视化盘面，学生可以了解目前企业的资产状况，也可以帮助学生校对其手工盘面。

5.6.2 报表——财务报表仿真

点击“自动报表”图标，系统将出现财务报表仿真窗口，如图 5-30 所示。通过自动财务报表，学生可以准确了解目前企业的财务状况，也可以帮助学生校对其手工财务报表。

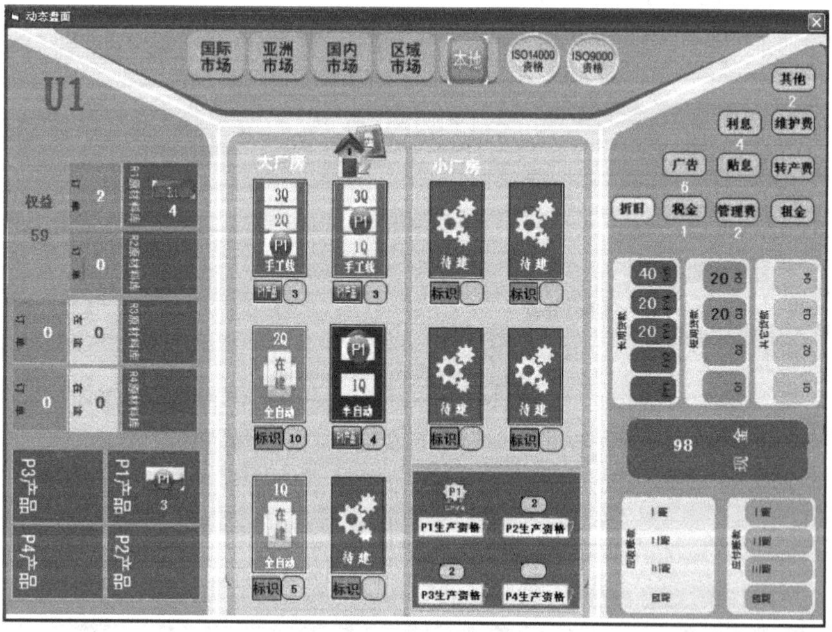

图 5-29 可视化盘面页面展示

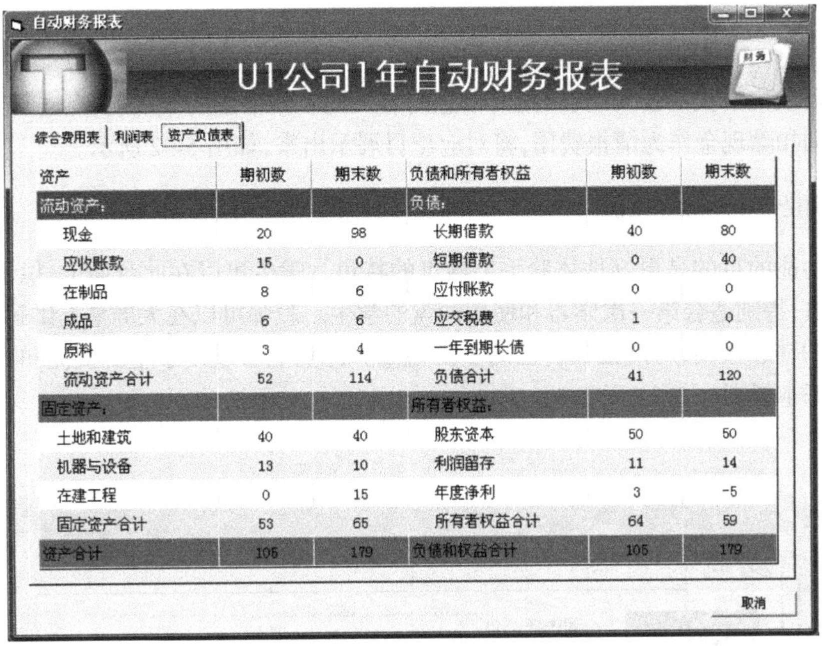

图 5-30　自动财务报表

5.6.3　流程——流程控制仿真

点击“流程”图标，系统将出现流程仿真窗口，如图 5-31 所示。通过手工账仿真功能，学生能够随时对照其所做的业务进程控制表，及时发现错误，尽早纠正错误。

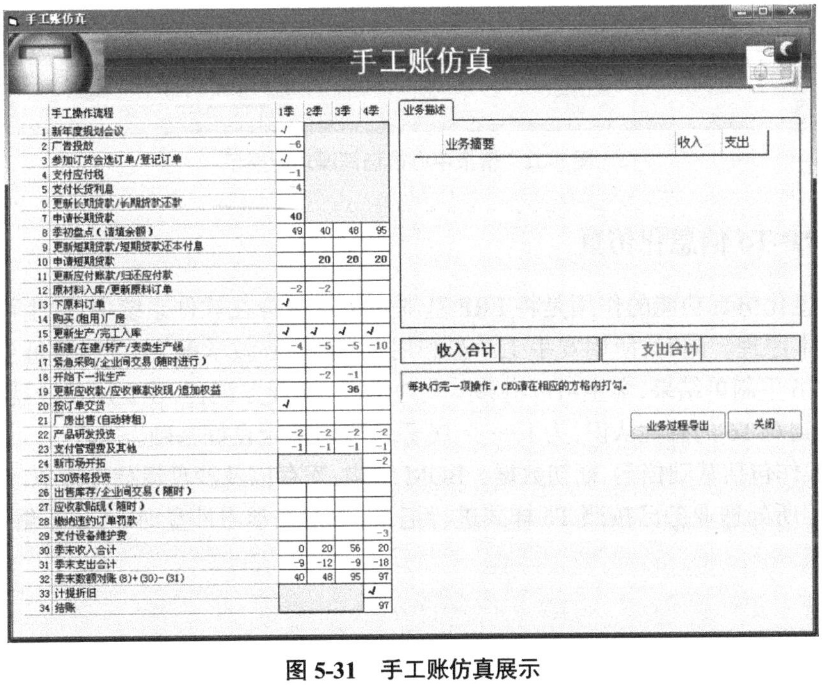

图 5-31　手工账仿真展示

5.6.4 间谍——市场间谍

选择要收集情报的公司、要收集的信息内容及要收集信息的年度后，点击“收集”按钮，系统将自动扣除现金作为情报费用，将对应项目展示出来，如图 5-32 所示。

5.6.5 动推——动态推盘

动推功能的目的是更好地体验手工沙盘的特色。学生可以在此盘面上，像手工盘面一样进行推演，特别适合第一次学习和使用沙盘的学生。教师可以在大屏幕上讲解，学生按照大屏幕上的动态盘面，对照摆放自己的手工盘面。此功能可以使学生更快捷和更容易地掌握沙盘的基本规则。

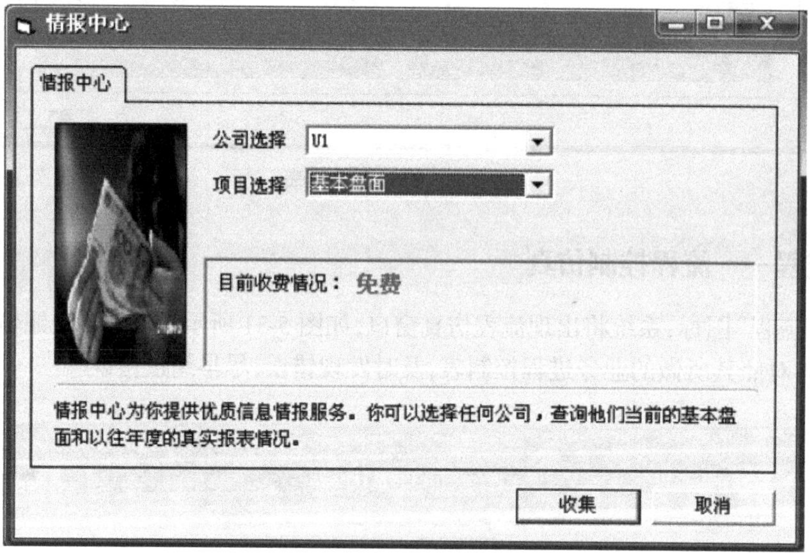

图 5-32 情报中心市场间谍功能展示

5.6.6 ERP-T6 信息化仿真

T6 信息化仿真功能的作用是将 ERP 基本知识点融合在软件系统中，学生可以自主学习 ERP 基本原理。同时，使用友手工沙盘和用友 ERP-T6 教学配合，可展示每步业务的原始单据和 T6 下制单结果，学生可以潜移默化地学习 T6 业务流程，建立用友沙盘和 T6 之间的联系，达到对 T6 的感性认识，为下一步 T6 系统学习奠定良好基础。

具体操作包括基础档案、期初数据、BOM 结构、库存以及沙盘运行过程中，系统自动处理的业务。所处理业务已按照 T6 样式进行记录，学生在学习沙盘时，可以了解 T6 对应概念和形式。

5.7 运行记录及违规扣分

5.7.1 运行记录表（台账）

每个学生都要在任务清单完成框中打钩或记录与自己岗位相关的生产要素变化数据（如采购主管纪录各材料库中的原材料变化数据，生产主管记录在制品变化的数据等）。当到交易中心（监督员）处进行贷款、采购原材料、应收账款到期、交货等业务时，必须携带运行手册。

5.7.2 上报报表

每年运行结束后，各企业需要在规定的时间内上报裁判组 3 份报表，这 3 份报表分别为“综合费用明细表”“利润表”“资产负债表”。

5.7.3 违规及扣分

竞赛最终是以评分为判别优胜标准。在企业运行过程中，对于不能按照规则运行的企业和不能按时完成运行的企业，在最终竞赛总分中，给予减分的处罚（也可由指导老师根据情况另定，罚分在系统中不体现）。

5.7.4 运行超时扣分

运行超时是指不能按时提交报表的情况。处罚：超时 10 min 之内的，按总分 1 分/min（含 1 min 内）计算罚分。超过 10 min 时，将按 2 分/min 扣罚，但最多只允许再超 15 min，如果到 15 min 后还不能提交报表，系统自动封账。被强行封账的参赛队按自动退出比赛处理。上报的报表必须是账实相符的报表，如果上交的报表与系统提供的状况有误（如销售统计与利润表不符、资产负债表不平等），在总得分中扣罚 10 分/次，并以系统提供的报表为准修订沙盘状态。

5.7.5 违规扣分

违规扣分适用于竞赛评分，教学中由指导老师根据情况另定。在运行过程中下列情况属于违规。

（1）在每年后的公开查访时段，盘面与系统提供的状态不符。

（2）对裁判正确的判罚不服从。

（3）在比赛期间擅自到其他赛场走动。

（4）其他严重影响比赛正常进行的活动。

有以上行为者，视情节轻重，扣除该队总得分的 20~50 分。

5.7.6 破产

破产规则适用于竞赛淘汰，教学中由指导老师根据情况另定。竞赛中判断参赛队破产的条件如下。

（1）系统在广告投放完毕、当季（年）开始、当季（年）结束、更新原料库等四个测试点，自动检测已有现金加上最大贴现和出售所有库存及厂房贴现后，判断是否具有足够的支付能力，如果不够，系统则判断为企业破产，并关闭系统。此时，应及时联系裁判，做最终的判定。

（2）当年结束，若权益为负，则企业破产退出系统，需联系裁判。破产的企业可以在裁判的监督下继续经营，但不参加最后的成绩排名。

第 6 章　电子沙盘软件操作——教师篇

6.1　软件安装与运行

教师端的硬件配置应达到本系统要求，以下为本系统的标准配置。

（1）CPU：Intel P4 2.0 GB。

（2）内存：512 MB（服务器内存建议 1 GB 以上）。

（3）硬盘空间：10 GB。

（4）其他要求：标准 USB 接口。

6.1.1　服务器安装

建立一台服务器，要求装有 Windows Server 2003 及以上版本；同时，服务器安装 SQL Server 2000（及以上版本）企业版，需要附带 Sp4；保证网络畅通。

（1）安装前阅读软件安装说明，如图 6-1 所示。

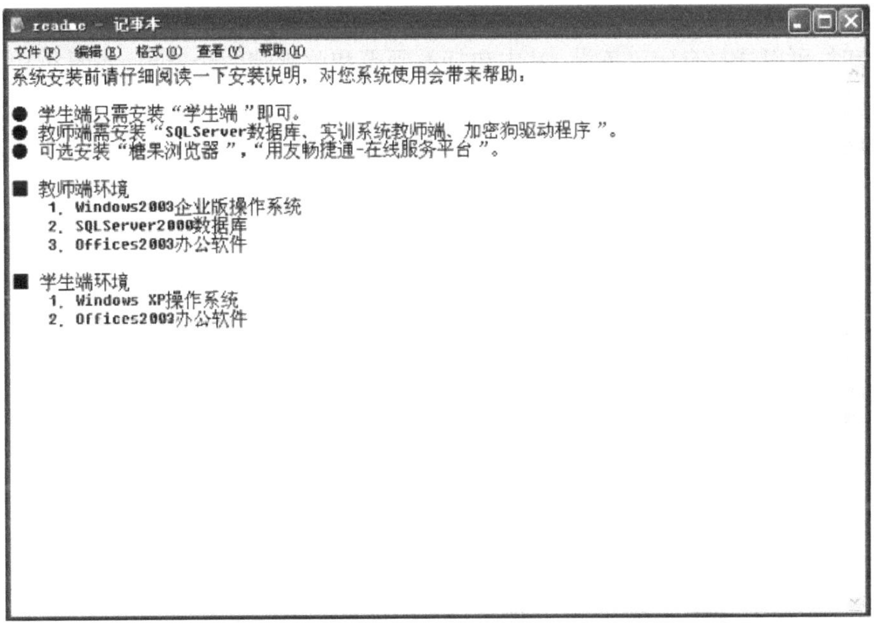

图 6-1　软件安装说明

该文件是企业管理信息化实训沙盘系统的相关技术文件之一，对系统的功能进行简要介绍，并对环境配置进行说明。注意，所有安装过程尽可能不改变默认路径。

（2）执行环境检测工具，自动判断目前机器的配置需求，如图 6-2 所示。

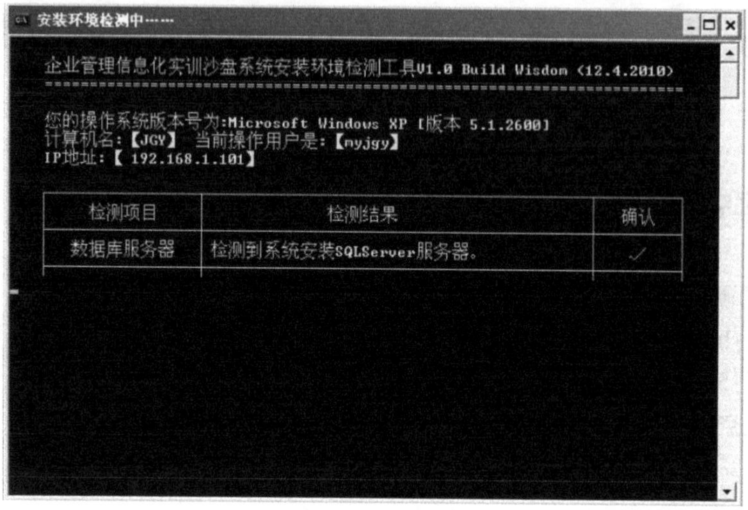

图 6-2　软件环境检测

若通过安装环境监测，即可进入下一步；若未通过，请升级或更换设备。

6.1.2　教师端安装

教师端安装的硬件准备工作与学生端一致，检查好硬件后，以管理员的身份运行“setup”应用程序。

安装时，可以选择自定义安装，其中包括教师端和监听端两个选项，如图 6-3 所示。监听端必须安装在服务器上，否则网络版的系统不能运行。教师端可以安装在包括服务器在内的任意机器上，建议安装在连接大屏幕投影的机器上，方便教师点评。

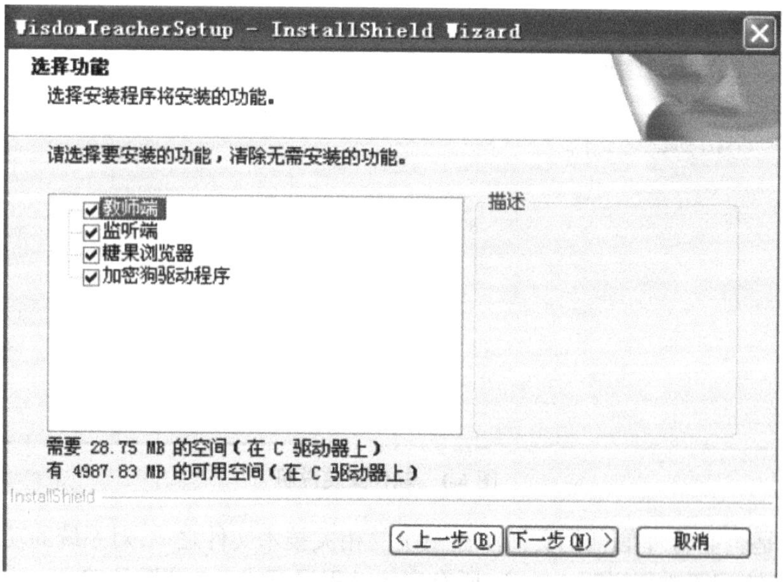

图 6-3　教师端安装

“加密狗驱动程序”是指点击此选项，系统将出现加密狗驱动安装程序界面，如图 6-4 所示。本系统使用 USB 类型软件狗加密，请在此将并口狗驱动的选项取消。点击“安装”按钮，直到出现安装完成的有关提示，然后在 USB 端口插入加密狗。

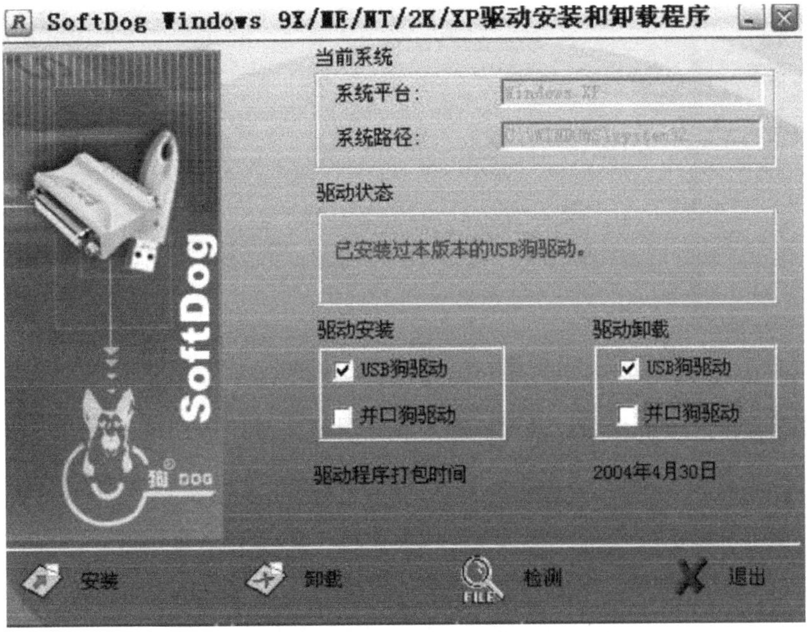

图 6-4　加密狗驱动程序安装

安装过程中，请注意以下事项。

（1）先安装加密狗的驱动程序，再插入 USB 的硬件，否则可能造成产品硬件驱动安装失败，为后面的安装过程造成不必要的麻烦。

（2）注意在使用过程中加密狗不要拔出。

（3）驱动程序安装不正确，请重新运行安装光盘，将驱动程序卸载后重新安装。

（4）在 Windows NT/2000/XP/Server 2003 操作系统下安装，应以具有系统管理员权限的身份登录。

（5）目前暂时不能在 Windows NT 4.0 上使用此加密狗设备。

浏览安装光盘，光盘中包括系统所需要的技术文档、数据备份和支持文件。

安装之后，在安装路径下的 Wisdom 文件夹下，可以看到的文件如图 6-5 所示。

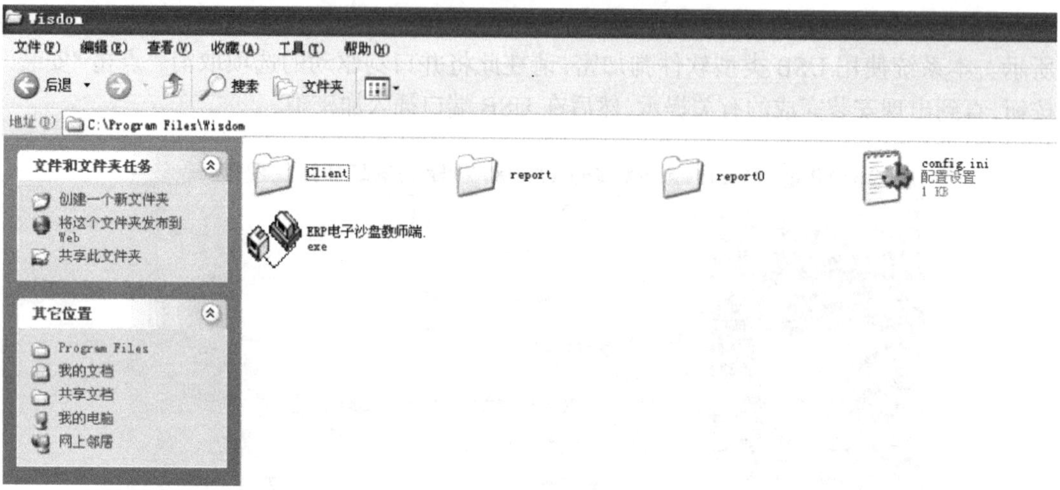

图 6-5 Wisdom 文件夹

教师端地址配置：打开 config.ini，设置正确的服务器地址，如“192.168.0.1”。

6.1.3 运行

用快捷方式打开系统，如图 6-6 所示。

图 6-6 教师端运行操作

选择开始菜单中“企业管理信息化实训沙盘系统/教师端”程序，如图 6-7 所示，当出现“服务器连接正常”字样时，表示可以正常使用教师端（初始密码均空）。

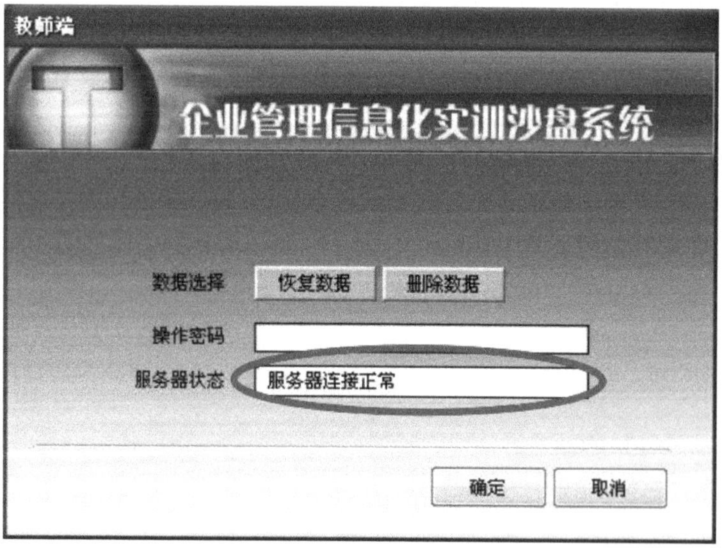

图 6-7 教师端正常使用界面

6.2 软件功能

教师端主界面如图6-8所示,主界面主要包括以下功能。

图6-8 教师端主界面展示

(1)初始化:包括赛场规模、规则参数、功能限制、市场订单等模块。其中,赛场规模可以根据实际教学规模,灵活设定要模拟经营的年度和组数;规则参数包括财务中心设定、生产中心设定、物流中心设定、营销中心设定、系统参数设定;功能限制包括教学引导的可视化控制、业务扩展设定两个部分;市场订单包括由人工审阅和设定市场预测信息,自动提取市场预测数据,根据市场预测信息自动生成市场订单,进而灵活管理现有订单,可增删改,也可整套订单引入。

(2)公司信息:教师可随时监控每组学生的人员组成、可视化盘面、历史报表、经营进度等。

(3)市场竞单:招标竞单系统,自动提示教师选单顺序。

(4)竞拍投标:在指定年度可以进行订单的竞拍。

(5)项目监控:即时监控广告费和财务报表的提交和停止位置,可以人为控制超时扣分、重新投放广告以及启用或停止指定企业的业务回退功能。

(6)成果展示:随时展示各组目前权益和总分,可查看得分细节。

(7)分析点评:包括多种分析方法(市场占有率分析、投入产出分析、财务五力分析、经营雷达图、成本结构分析、杜邦分析法等)。

(8)系统管理:包括数据备份、恢复和清除,密码修改。

6.2.1 初始化

除了可以使用光盘自带的初始数据外，教师也可以自由拟定电子沙盘的初始盘面和资产状况。选择初始化图标，将进入数据初始化主界面。请按照标示的序号来进行初始化过程，顺序为赛场规模、规则参数、功能限制、市场订单等模块。

1. 赛场规模

企业经营年度可以设为6~9年，组数可以设定为6~24组。如果使用的是试用版，最多可以经营3个年度，如图6-9所示。

需要注意的是，在设定并执行了赛场规模初始化后，一定要继续进行规则参数、功能限制和市场订单的设置，否则系统将出现不可预期的错误。

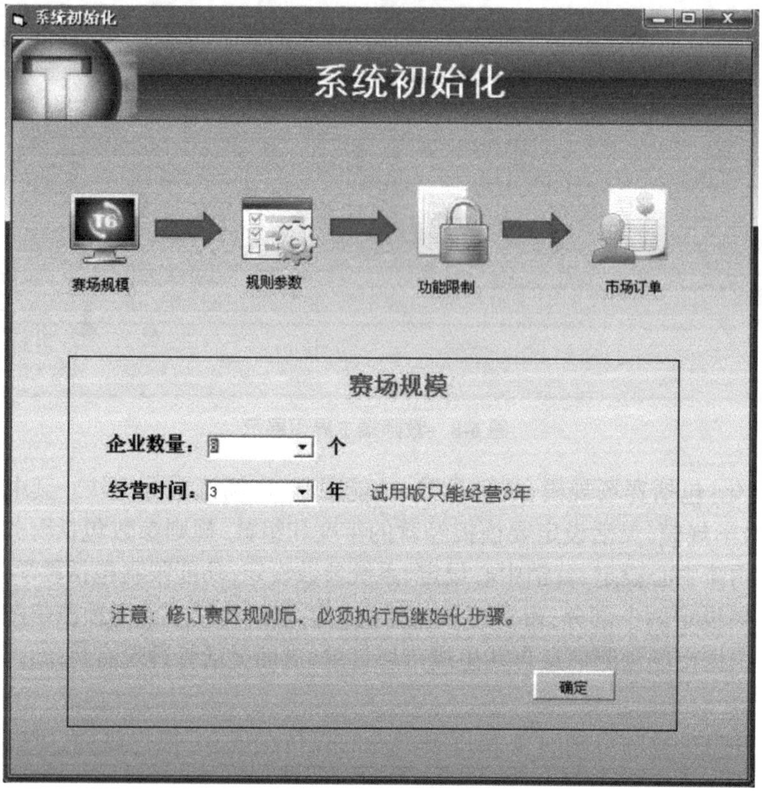

图6-9 系统初始化

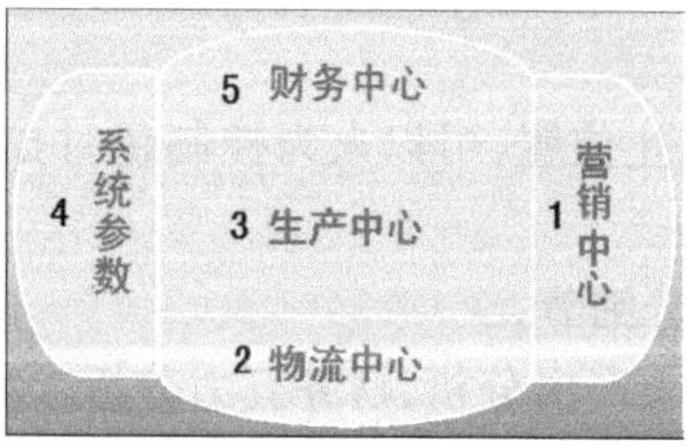

图6-10 各部门初始化页面

2. 规则参数

规则参数包括营销中心初始化、物流中心初始化、生产中心初始化、财务中心初始化、系统参数初始化，如图6-10所示。

（1）营销中心初始化：双击需要给定的产品、市场和ISO，最后点击“确定”按钮结束（在此双击取消设定）。

（2）物流中心初始化：在对应的项目中填写数量，最后点击“确定”按钮结束。

（3）生产中心初始化：点击空白生产线，将弹出可能使用的生产线模式（按照生产线建设规则），依次选择教师希望的初始化情况，最后点击“确定”按钮结束。同时此处可以勾选厂房的使用与否，也可以改变每条生产线的初始净值。

（4）财务中心初始化：包括财务初始化和财务报表初始化。财务初始化，即现金、贷款及应收应付初始化，数值修改完毕，需要点击“保存本页数据”按钮。财务报表初始化，即点击“从初始化中提取数据”，提取已经设定的财务数据，并对不足部分，适当加以补充，直到满足“资产合计 = 负债和权益合计”的会计平衡公式，最后点击“确定”按钮保存。

（5）系统参数初始化：数值修改完毕，需要点击“系统参数保存”按钮。

3. 功能限制

功能限制包括教学引导和业务扩展两个部分。教学引导限制盘面上的显示权限，规定在某个时间所有学生所能见到的所有辅助教学工具；业务扩展则是学生在基本沙盘业务之上，开展更多的、拓展的业务处理，以丰富教学内容和复杂程度，如图 6-11 所示。

图 6-11　功能限制页面展示

4. 市场订单

市场订单包括由人工审阅和设定市场预测信息，如图 6-12 所示，自动提取市场预测数据，根据市场预测信息自动生成市场订单，进而灵活管理现有订单，可增删改，也可整套订单引入。

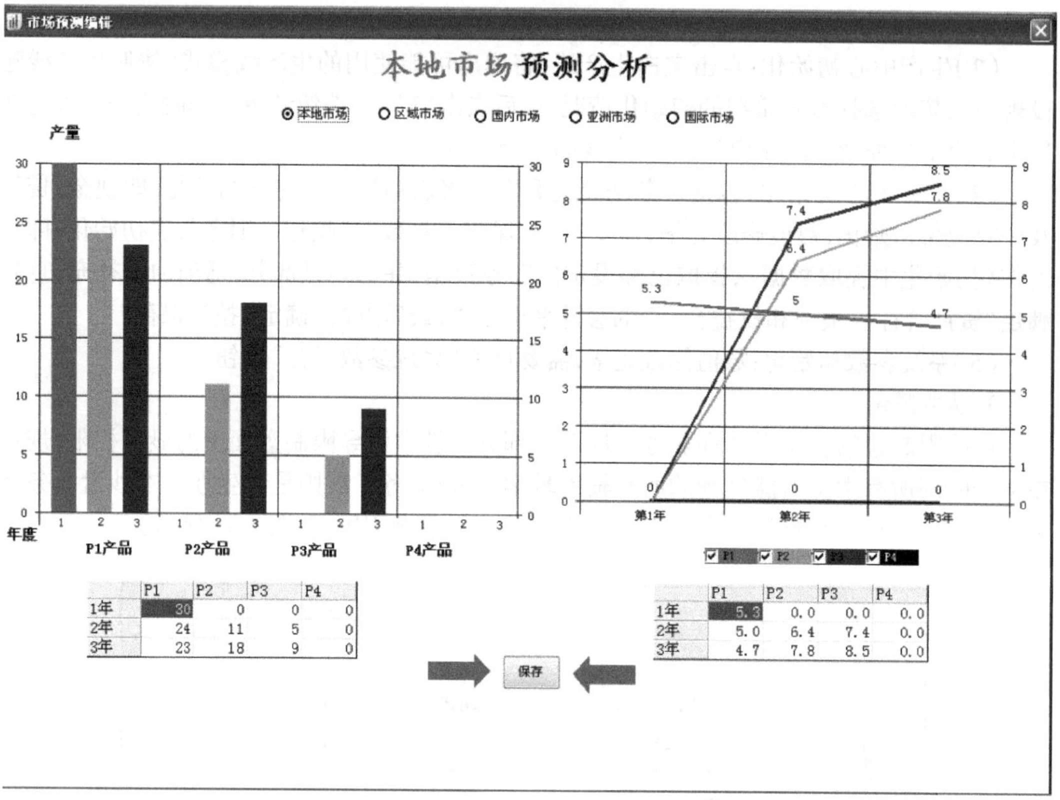

	P1	P2	P3	P4
1年	30	0	0	0
2年	24	11	5	0
3年	23	18	9	0

	P1	P2	P3	P4
1年	5.3	0.0	0.0	0.0
2年	5.0	6.4	7.4	0.0
3年	4.7	7.8	8.5	0.0

图 6-12 本地市场预测分析

6.2.2 公司信息

公司信息包括组织结构、基本盘面、历史财务报表、广告及报表提交监控、年度订单总量等信息。本模块专门为教师点评服务，教师可在大屏幕上显示任何一组学生目前经营状况，直观生动。

6.2.3 市场竞单

前台大屏幕集中竞单方式保持沙盘教学的原汁原味，增强趣味性和交互性。选单过程与传统模式相同，注意先选择地区，再选择产品类型，在要选择的订单公司处，写入公司的字母。

网络竞单方式打破手工沙盘竞单方式，竞单采用实时网上模式，根据各公司市场情况、广告投入情况分先后进行竞单，竞单采用时间控制方式有序进行，如图 6-13 所示。

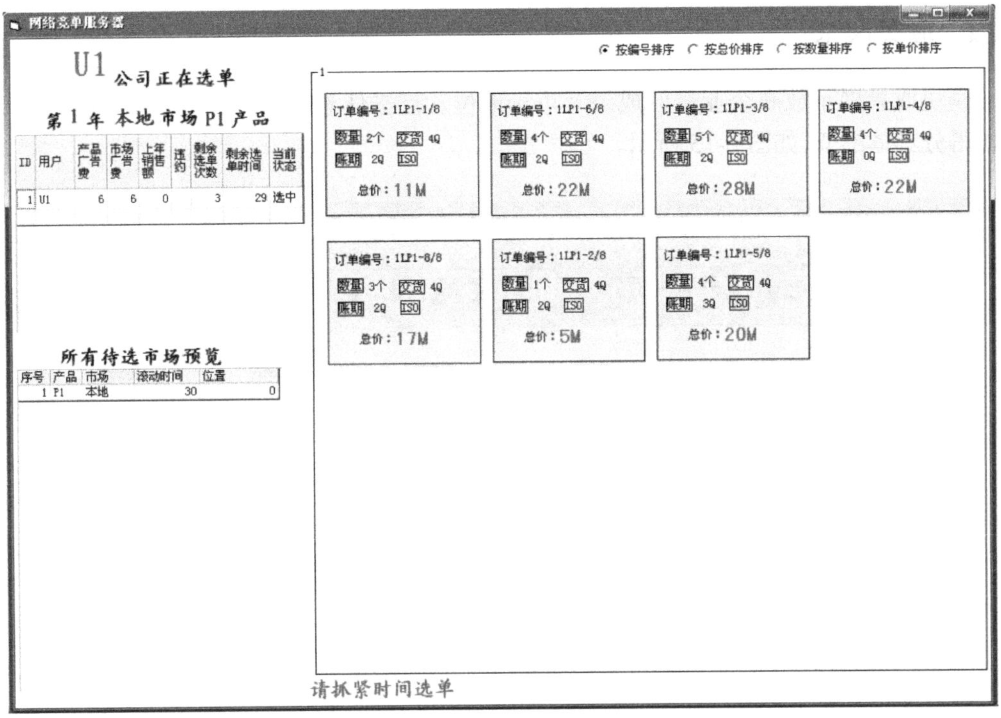

图 6-13　选单操作页面

选单过程中,系统将提示选单的次序,教师按次序提醒学生选择,如图 6-14 所示。每年开始选单时,要对本年进行销售排名,确认新的市场领导者。当前页面订单选择完毕,点击"确定"按钮。

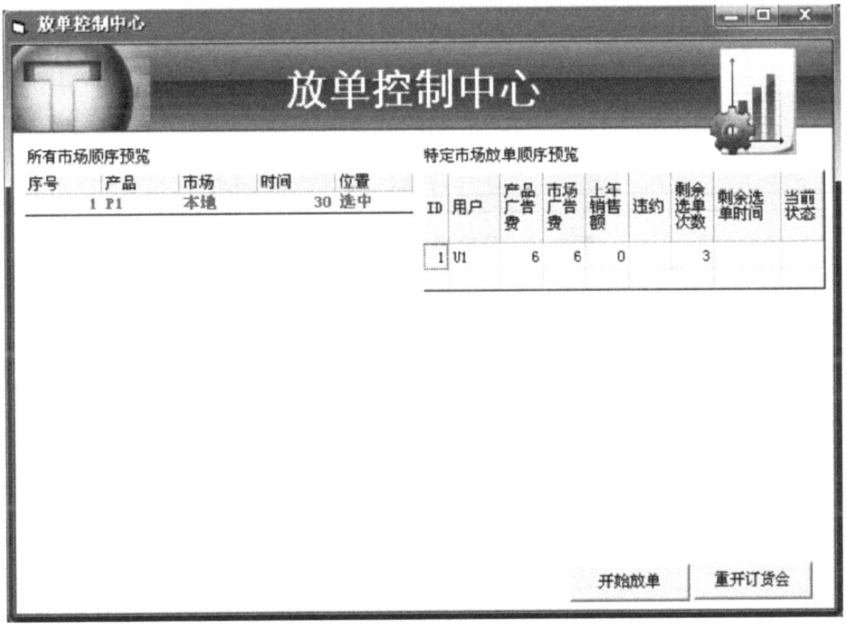

图 6-14　放单控制中心页面

6.2.4 成果展示

模块成果展示放映企业经营成果及市场地位。点击任意公司所在行，显示出该行所对应的得分具体细节，如图 6-15 所示。

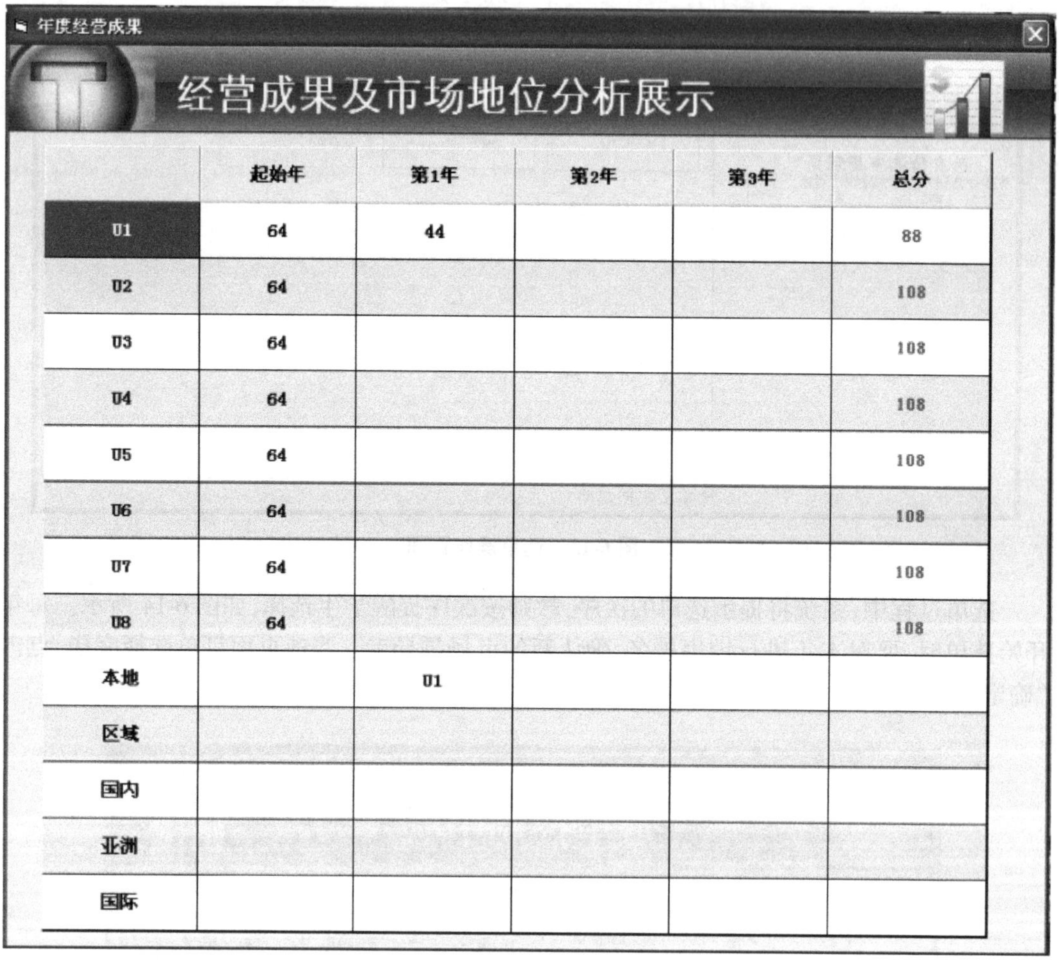

	起始年	第1年	第2年	第3年	总分
U1	64	44			88
U2	64				108
U3	64				108
U4	64				108
U5	64				108
U6	64				108
U7	64				108
U8	64				108
本地		U1			
区域					
国内					
亚洲					
国际					

图 6-15 经营成果及市场地位分析

6.2.5 分析点评

分析点评包括市场占有率分析、投入产出分析、财务五力分析、经营雷达图分析、成本结构分析、成本结构变化分析、杜邦分析法等，如图 6-16 所示。

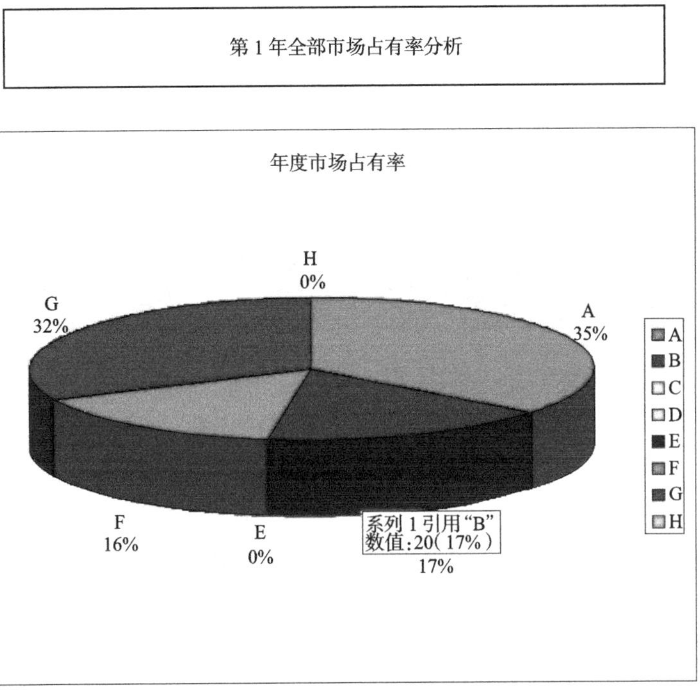

图 6-16　第 1 年全部市场占有率分析

6.2.6　数据备份

系统自动定义备份文件名称及路径如“C:\沙盘数据备份\10-3-18-47 沙盘备份_8 组”，如图 6-17 所示，文件名称组合方式为“年-月-日-时-分沙盘备份_*X* 组”。另外，也可以选择目标位置，并对备份文件进行补充性表述。

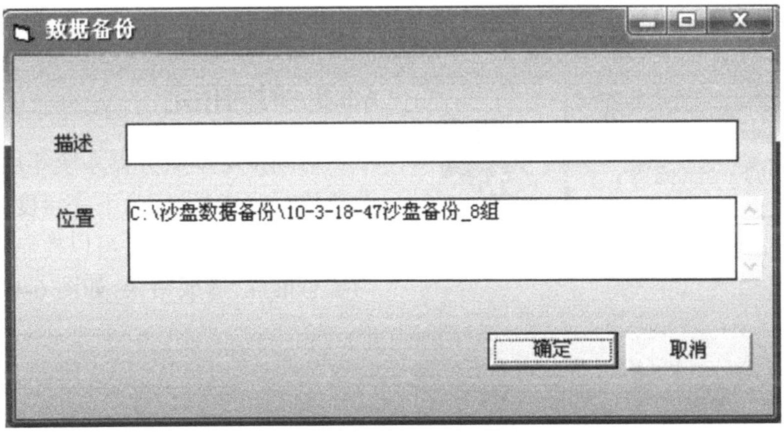

图 6-17　数据备份页面

6.2.7 广告报表监控

教师督促学生投放广告或提交报表,可以在服务器端倒计时,强制学生提高运行速度,如图 6-18 所示。

图 6-18 公司各项目监控

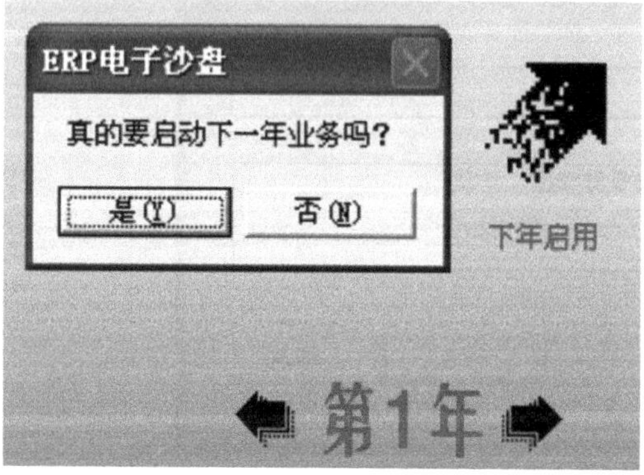

图6-19 教师控制推盘页面

6.2.8 时间指定

时间指定即服务器系统年度设定。每年业务执行完毕,设定为下一年度,学生端才能够推进到下一个年度,可以控制学生,防止因为随意推盘,造成错误,如图 6-19 所示。

本章部分图例

说明：为了方便读者直观地查看彩色图例，此处节选了书中的部分内容进行展示。页面左侧的页码，为您标注了对应内容在书中出现的位置。

第 7 章　企业经营成果分析与绩效评价

7.1　企业年度经营成果分析

沙盘模拟实验结束后，在评价各组实验成果时，不能仅采用利润指标进行评价。采用利润指标进行评价虽有一定的道理，但如果仅仅依赖利润指标来断定经营的成功与失败显得不够全面、说服力不足。因为，毕竟一个利润指标不能完全体现企业未来的成长性和发展性。

沙盘模拟实验的“精髓”在于让学生深刻体验并理解企业运营中“产、供、销、人、财、物”之间的逻辑关系，从而延伸到对企业成长性、现金流安全性、资产投入与未来效益、局部运作与全局战略、团队之间合作等知识和理念的认识。若过度关注暂时性的利润，无疑会使沙盘模拟实验这一新型的教学模式陷于片面侧重短期盈利的境地。那么，应该如何比较公正地对沙盘模拟实验结果进行评价呢？利润肯定是一个关键因素，各组盈利的多与少是沙盘经营综合决策的客观结果。而综合考虑企业的未来发展应该是另一个关键因素。企业的固定资产（生产线、厂房等）、现金流状况（应收账款、应付账款、当前现金）、市场份额（总市场占有率、各个分市场占有率）、ISO 认证、产品开发等因素均应当综合考虑。结合企业实际工作，本书将经营成果的评价因素加以总结，如图 7-1 所示。

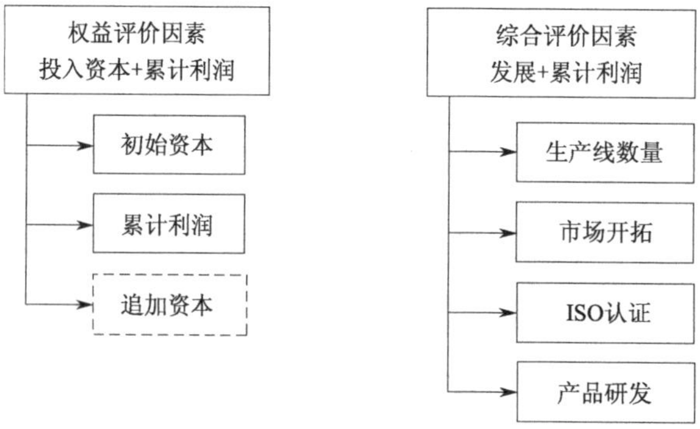

图 7-1　经营成果评价框架图

7.2 企业经营团队的年度绩效评价

在完成预定的经营年限后，系统根据各模拟企业的最终权益、生产能力、资源状态等进行综合评分，总分计算公式为

$$总分=权益+(1+A/100)-罚分$$

其中，A 为企业综合发展潜力系数，A 是表 7-1 中各项得分之和。

表 7-1　企业综合发展潜力系数

项目		加分
生产线	手工生产线	5/条
	半自动生产线	7/条
	全自动生产线	10/条
	柔性生产线	10/条
产品	P1 生产资格	10
	P2 生产资格	10
	P3 生产资格	10
	P4 生产资格	10
市场	区域市场准入证	10
	国内市场准入证	10
	亚洲市场准入证	10
	国际市场准入证	10
ISO	ISO 9000 资格证	10
	ISO 14000 资格证	10

注：生产线建成即加分，无须生产出产品，也无须有在制品；“市场老大”地位和厂房无加分。

罚分一般由指导教师制订计划，考虑的主要因素如下：

（1）是否在规定时间内完成当年经营；

（2）是否在规定时间内完成广告投放；

（3）报表是否准确；

（4）盘面与系统数据是否一致。

7.3 企业综合绩效评价方法

7.3.1 平衡计分卡

传统的基于财务报表的业绩评价制度，大多数离不开对财务指标的分析。财务指标分析虽然有助于认识企业的控制能力、获利能力、偿债能力、成长能力，但只能发现问题而不能提供解决问题的思路；只能做出评价而难以改善企业的状况。在现代市场竞争环境下，各种不确定因素对企业前景有着众多影响，仅仅对一些财务指标进行分析，已经难以满足企业的经营管理需要。为了使企业能够应对顾客、竞争和变化，对企业经营业绩的评价指标必须突破单一的财务指标，应采用包括财务指标和非财务指标相结合的多元化指标体系。由此，引发了对企业综合业绩评价制度的强势需求。

综合业绩评价制度——平衡计分卡（Balanced Score Card，BSC）是卡普兰（Kaplan）和诺顿（Norton）等从 1990 年开始进行的一个实地研究项目，目前已经在美国很多企业、政府和军事机构中得到应用。平衡计分卡包括四个角度，即财务、客户、业务流程以及学习与成长，通过这四个方面的协调及相互影响，能引导企业管理层对企业发展战略作全方位的思考，确保日常业务运作与企业远景和经营战略保持一致，如图 7-2 所示。

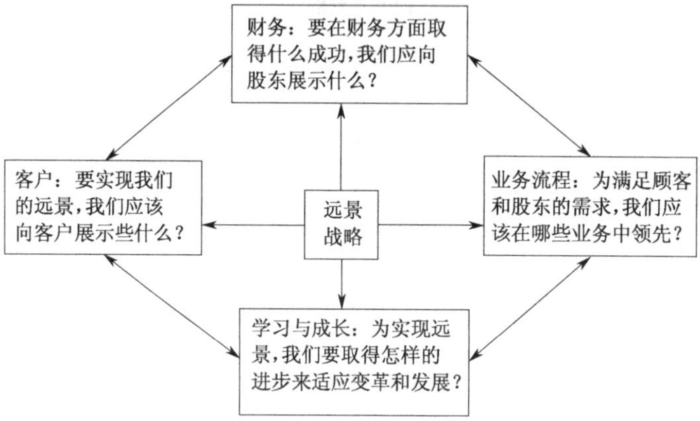

图 7-2 经营成果评价框架

简单概括，平衡计分卡就是将传统的财务评价与非财务方面的经营评价结合起来，从与企业经营成功关键因素相关联的方面建立绩效评价指标的一种综合管理控制系统和方法。

平衡计分卡的核心思想就是通过财务、客户、业务流程以及学习与发展四个方面指标之间相互驱动的因果关系展现组织的战略轨迹，实现绩效考核——绩效改进以及战略实施——战略修正的战略目标过程。平衡计分卡把绩效考核的地位上升到组织的战略层面，使之成为组织战略的实施工具。

平衡计分卡反映了财务和非财务衡量方法之间的平衡、长期目标与短期目标之间的平衡、外部和内部的平衡、结果和过程的平衡、管理业绩和经营业绩的平衡等多个方面。所以能反映组织综合经营状况，使业绩评价趋于平衡和完善，利于组织长期发展。

平衡计分卡中的目标和评价指标来源于组织战略，它把组织的使命和战略转化为有形的目标和衡量指标。平衡计分卡中客户方面，管理者们确认了组织将要参与竞争的客户和市场部分，并将目标转换成一组指标，如市场份额、客户留住率、客户获得率、顾客满意度、顾客获利水平等。平衡计分卡中的内部经营过程方面，为吸引和留住目标市场上的客户，满足股东对财务回报的要求，管理者需关注对客户满意度和实现组织财务目标影响最大的那些内部过程，并为此设立衡量指标。在这一方面，平衡计分卡重视的不是单纯的现有经营过程的改善，而是以确认客户和股东的要求为起点、满足客户和股东要求为终点的全新的内部经营过程。平衡计分卡中的学习和成长方面确认了企业为了实现长期的业绩而必须进行的对未来的投资，包括对雇员的能力、企业的信息系统等方面的衡量。企业在上述各方面的成功必须转化为财务上的最终成功。产品质量、完成订单时间、生产率、新产品开发和客户满意度方面的改进只有转化为销售额的增加、经营费用的减少和资产周转率的提高，才能为企业带来利益。因此，平衡计分卡的财务方面列明了企业的财务目标，并衡量战略的实施和执行是否在为最终经营成果的改善作出贡献。平衡计分卡中的目标和衡量指标是相互联系的，这种联系不仅包括因果关系，还包括结果的衡量和引起结果的过程的衡量相结合，最终反映组织战略。

7.3.2　雷达图分析法

即使计算出了企业的各项经营指标，但各项单个的数据给人的印象仍是散乱无序的，无法判断企业整体的经营在同行业中处于一种什么样的位置。而通过图表可以清晰地反映出数据的各种特征，雷达图（又可称为戴布拉图、蜘蛛网图）是专门用于进行多指标体系分析的专业图表。雷达图是企业财务分析图表的一种，即将一个企业的各项财务分析所得的数据或比率，就其比较重要的项目集中划在一个圆形的图表上，来表现一个企业各项财务数据的情况，使用者能一目了然地了解企业各项财务指标的变动情形及其好坏趋向，如图 7-3 所示。

雷达图主要应用于企业经营状况、收益性、生产性、流动性、安全性和成长性的评价。上达指标的分布组合在一起非常像雷达的形状，因此而得名。雷达图的绘制方法是：先画 3 个同心圆，把圆平均分为 5 个区域，分别代表企业的收益性、生产性、流动性、安全性和成长性。同心圆中最小的圆代表同行业平均水平的 1/2 值或最差的情况；中间的圆代表同行业的平均水平或特定比较对集的水平，称为标准线（区）；最大的圆表示同行业平均水平的 1.5 倍或最佳状态。在 5 个区城内，以圆心为起点，以放射线的形式画出相应的经营比率线。然后，在相应的比率线上标出本企业决算期的各种经营比率。将本企业的各种比率值用线连接起来后，就形成了一个不规则闭环图。该图清楚地表示出本企业的经营态势，并把这种经营态势与标准线相比，就可以清楚地显示出本企业的成绩和差距。雷达图的分析方法是：如果企业的比率位于标准线以内，则说明企业比率值低于同行业的平均水平，应认真分析原因，提出改进方向；如果企业的比率值接近或低于小圆，则说明企业经营处于非常危险的境地，急需推出改革措施以扭转困局；如果企业的比率值超过了中圆或标准线，甚至接近大圆，则表明企业经营的优势所在，可予以巩固和发扬。如果把雷达图应用于创新战略的评估，就演变成为戴布拉图。实际上戴布拉图与雷达图的绘制与分析方法完全相同，但是，戴布拉图是用企业内部管理责任——协作过程、业绩度量、教育与开发、分布式学习网络和智能市场定位，以及外部关系——知识产品/服务协作市场准入、市场形象活动、领导才能和通信技术等两个基本方面10个具体因素来替代雷达图的5个因素。

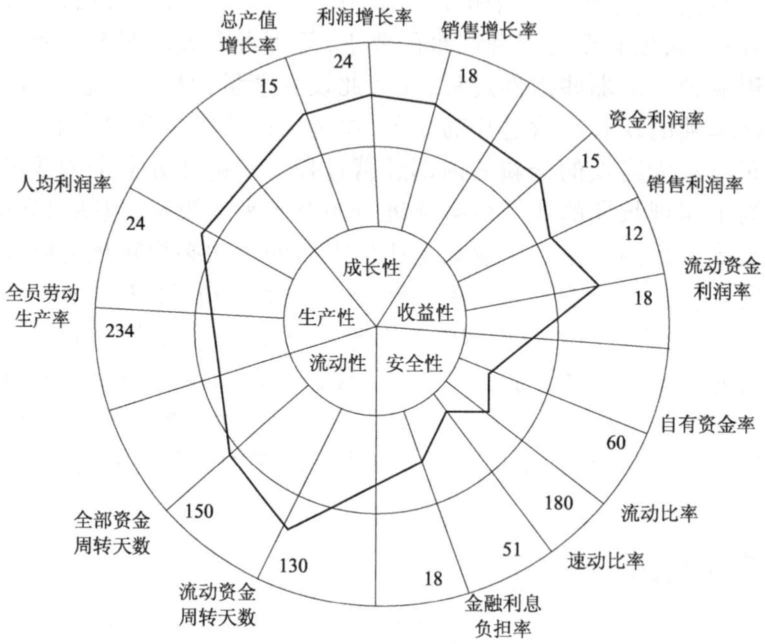

图7-3　企业能力雷达

雷达图通常由一组坐标轴和三个同心圆构成。每个坐标轴代表一个指标。同心圆中最小的圆表示最差水平或是平均水平的1/2；中间的圆表示标准水平或是平均水平；最大的圆表示最佳水平或是平均水平的1.5倍。其中中间的圆与外圆之间的区域称为标准区，如图7-3所示。在雷达图上，企业的各项经营指标比率分别标在相应的坐标轴上，并用线段将各坐标轴上的点连接起来。图7-3中坐标值（即标准线）为行业的平均值，如果某项指标位于平均线以内，说明该指标有待改进。而对于接近甚至低于最小圆的指标，则是危险信号，应分析原因，抓紧改进。如果某项指标高于平均线，说明该企业相应方面具有优势，各种指标越接近外圆越好。

7.3.3　杜邦分析

财务管理是企业经营管理的核心之一，而如何实现股东财富最大化或企业价值最大化是财务管理的中心目标。任何一个企业的生存与发展都依赖于该企业能否创造价值。企业的每一个成员都负有实现企业价值最大化的责任。出于向投资者（股东）展示经营成果和提高经营管理水平的需要，一套实用、有效的财务指标体系必不可少，以便据此评价和判断企业的经营绩效、经营风险、财务状况、获利能力和经营成果。杜邦财务分析体系就是一种比较实用的财务比率分析体系。这种分析方法最早由美国杜邦公司使用，故名杜邦分析法。

杜邦分析法利用几种主要的财务数据之间的关系来综合分析企业的财务状况，用来评价公司盈利能力和股东权益回报水平。其基本思想是将企业净资产收益率（Return on Equity，ROE）逐级分解为多项财务指标及其关系，这样有助于深入分析、比较企业经营业绩，如图 7-4 所示。

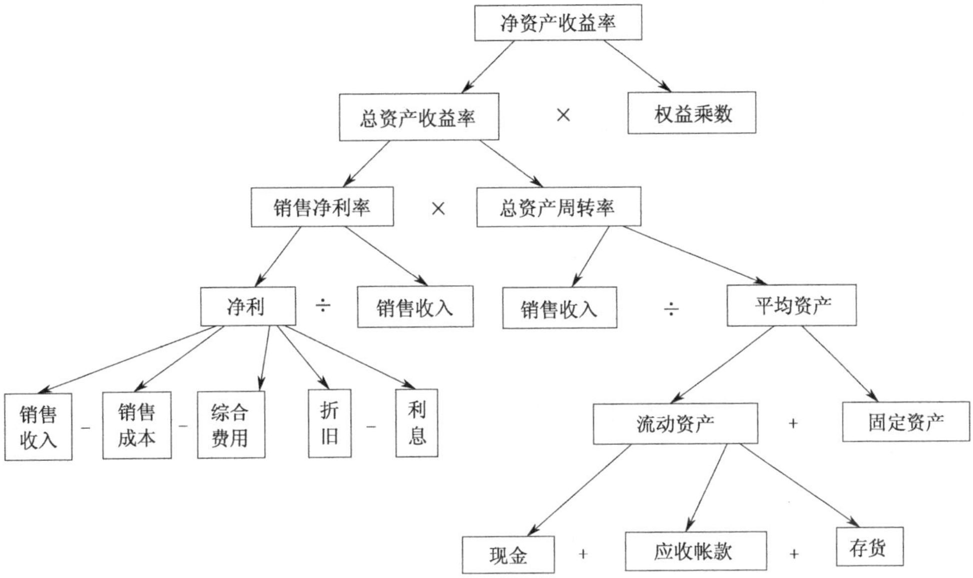

图 7-4　杜邦分析图解

杜邦分析法从两个角度分析了财务状况：一是对内部管理因素进行了分析；二是对资本结构和风险进行了分析，反映了一些财务指标之间的关系，主要包括以下指标：

净资产收益率 = 总资产收益率 × 权益系数

总资产收益率 = 销售净利率 × 总资产周转率

销售净利率 = 净资产/销售收入

总资产周转率 − 销售收入/总资产

权益系数 = 1/（1 − 资产负债率）

资产负债率 = 负债总额/总资产

净资产收益率是一个综合性最强的财务指标，是杜邦分析系统的核心。它反映投资者投入资本的获利能力，同时反映企业筹资、投资、资产运营等活动的效率。决定净资产收益率高低的因素有三个方面：权益乘数、销售净利率和总资产周转率。权益乘数、销售净利率和总资产周转率三个比率分别反映了企业的负债比率、盈利能力比率和资产管理比率。

总资产收益率是一个综合性的指标，也是一个重要的财务比率，综合性也较强。总资产收益率是销售净利率和总资产周转率的乘积，因此，要进一步从销售成果和资产营运两方面来分析。销售净利率反映了企业利润总额与销售收入的关系，从这个意义上看提高销售净利率是提高企业盈利能力的关键所在。企业要想提高销售净利率，一是要扩大销售收入；二是降低成本费用。而降低各项成本费用开支是企业财务管理的一项重要内容。通过将制造费用、管理费用、财务费用、销售费用等各项成本费用开支列出来，有利于企业进行成本费用的结构分析，加强成本控制，以便为寻求降低成本费用的途径提供依据。企业要提高总资产周转率，则需要提高资产的利用效率，减少资金闲置，加速资金周转。权益乘数反映企业的负债能力。这个指标越高，说明企业资产总额中的大部分是通过负债形成的。给企业带来较多的杠杆利益，同时也给企业带来较多风险。而这个指标低，说明企业的财务政策比较稳健，较少负债，风险也小，但获得超额收益的机会不会很多。

杜邦分析既涉及企业获利能力方面的指标（净资产收益率、销售利润率），也涉及营运能力方面的指标（总资产周转率），同时还涉及举债能力指标（权益乘数），可以说杜邦分析法是一个三足鼎立的财务分析方法。杜邦分析图解说明，净资产收益率是杜邦分析的核心指标。这是因为任何一个投资者投资某一特定企业，目的都在于希望该企业能给其带来更多回报。所以，投资者最关心这个指标。同时，这个指标也是企业管理者制定各项财务决策的重要参考依据。通过杜邦分析法，将影响这个指标的三个因素从幕后推向前台，揭示了净资产收益率及其影响因素的庐山真面目。因此，在分析净资产收益率时，就应该从构成该指标的三个因素分析入手，为了找出销售利润率及总资产周转率水平高低的原因，可将其分解为财务报表有关项目，从而进一步发现问题产生的原因。销售利润率及总资产周转率与财务报表有关项目之间的关系可从杜邦分析图中一目了然。有了这张图，可以非常直观地发现是哪些项目影响了销售利润率，或者是哪个资产项目扯了资产周转率的后腿。总资产收益率水平高低的原因可类似进行指标分解。总资产收益率低的原因可能在于销售利润较低，也可能在于总资产周转率较低。如果属于前一种情况，则需要在开源节流方面挖掘潜力；倘若属于后一种情况，则需要提高资产的利用效率，减少资金闲置加速资金周转。

第 8 章　仿真沙盘的运营战略

为了使学生在起跑线上就能赢得先机，以下列出几个成功的经典策划战略供参考。

8.1　战略选择

8.1.1　新年度规划会议

新年度规划会议，是企业的战略会、全面预算会和决策会，在流程表中只有一个格子，没有资金的流动，也没有任何操作，因此，很多初学者往往把新年度规划会议给忽视了。万事预则立，不预则废。没有好的预算，没有走一步看三步的眼光，只能是"哥伦布"式的管理，很难在运营中获得好成果。在沙盘里，最重要的法则之一就是靠数据检验，制定大的战略也是如此，要经过严谨周密的计算，提供翔实可靠的数据来支持决策。在实训中，指导教师会设置一个巡盘（间谍）环节，其目的就是让学生做到知己知彼，百战不殆。竞争对手的市场开拓、产品选择、产能大小、现金多少等都是必须关注的，对竞争对手的了解要像了解自己的企业一样，只有这样，才能够准确判断出对手的战略意图，从而进行有效的阻击。细节决定成败，在沙盘经营中，也必须从细节入手。关注细节是一种习惯，要从平时点滴中慢慢积累培养。在细节上没有把握好，犯了致命的"失误"，才导致了满盘皆输，到了高水平的巅峰对决，比的就是细节的把控。一支真正成熟的经营团队，应具备"泰山崩于前而不改色"的风范。同时可以因势利导，随机应变地处理各种突发事件，只有这样才能在瞬息万变的局势中转危为安，进而取得成功。

8.1.2　该不该抢占"市场老大"

第一年，花多少广告费抢占"市场老大"？仔细算就会发现花多少代价抢占"市场老大"才是划算的。经常做沙盘的人都知道，通常由于市场逐渐开拓和产品种类的丰富，产品需求量在后两年会大幅增加，因此，市场老大的真正价值也就是在于前四年的市场选单。由此，"市场老大"效应会延续到第四年，意味着如果第一年投 11M 广告费抢市场老大，之后三年每年投 2M 在这个市场拿两种产品的订单，则三年来在这个市场共投入 15M（假设不抢老大，第一年也需要投 2M 广告费，剩余的 9M 可算到三年的广告费中，平均每年该市场广告费为 5M）。另外，规则中指出"市场老大"是指该市场上一年度所有产品总销售额最多的组（队），其有选单的权利。在没有"市场老大"的情况下，根据广告费多少来决定选单次序。于是学生就会存在一个误区，以为"市场老大"就是比谁的广告费多。其实不然，"市场老大"最终比较的是该市场的总销售额，而非一个产品的单一销售量。例如甲公司只有 P1 产品，而乙公司拥有 P1 和 P2 两种产品，那么在选单过程中，即使最大的 P1 订单是被甲公司获得了，但是只要乙公司 P1 和 P2 两种产品的市场销售总额大于甲公司，则无论甲公司投多少广告费，“市场老大”仍不会归甲公司所有，这就要求学生在抢占“市场老大”地位时，不能只考虑用“蛮力”猛砸广告，还要更多地考虑利用“巧劲”，依靠合理的产品组合智取。

“市场老大”是把双刃剑，用好了威力无穷；用得不好，可能会“赔了夫人又折兵”，因此，到底要不要抢占“市场老大”，以多少广告费去抢占“市场老大”，以什么样的产品组合去抢占“市场老大”，需要经过严密的计算，然后再做博弈。

8.1.3 合理“避税”

学生了解如何计税之后，自然就会想到利用“四舍五入”这一规则进行合理避税。假设系统采用 25%的税率政策，通过预算发现当年应税利润是（$4N+2$）时，其中 N 为非负整数，可以主动贴现，增加一个贴息，将应税利润减少到（$4N+13$），所得税将从（$N+1$）减少到 N。在此情况下，年度净利润相同，但后者增加了资金流动性，保证了年初充裕的广告费和交税的时间。税款是在年底算出来的，但是税款不是在当年结束时支付的，因此报表里“应交所得税”那一项是在红利里体现的。直到第 2 年投放广告费时，税款会连同到期长贷本息和广告费一起支付，这个在系统里有明确的提示。有的组（队）在投放广告时系统提示现金不足，无法投放广告，其原因就是除了广告费用外，还要扣所得税及长贷本息。

8.1.4 融资策略

融资策略不仅直接关系到企业的财务费用，更重要的是直接影响企业的资金流。在分析融资策略之前，必须明确几个基本概念。贷款的目的是赚钱，通俗地说，就是利用借来的钱所赚的利润要比所支付的利息多，在此种情况下只要允许，借得越久赚得越多；相反，如果嫌的钱还不够支付利息，那么借得越多就亏得越多。这就是财务杠杆的作用，因此，可以简单分析出，不贷款绝不是经营企业最好的策略。融资策略怎样是合理的呢？长贷用来做长期投资，如新建厂房和生产线、市场产品的研发投资等；短贷用来做短期周转，如原材料采购、产品加工费用等。这样自然是最稳妥的方法，但是在激烈的企业竞争中，如果仅采用这样保守的方案，不一定可以获得最大的收益。企业整体战略决策加上精准财务预算，是决定长、短贷比例最重要的因素。只要合理调节好长、短贷的比例，把每一分钱都投入最需要的地方，让它变成盈利的工具，就可以让借来的钱为企业服务，创造出更多的利润。

8.1.5 零库存管理

关于原材料的计算、采购计划排程，是物资需求计划（Material Requirement Planning，MRP）的核心内容之一，也是影响一个企业资金周转率的重要因素，推崇“零库存”管理是因为资金是有时间成本的。通俗地说，在企业经营中，用贷款购买原材料，这钱是需要支付利息的；而在沙盘模拟企业中，原材料库存本身是不会产生利润的。因此，原材料库存越多，就意味着需要更多的贷款，财务费用也越多，同时降低了资金周转率。减少库存是企业节流的一项重要举措。沙盘模型中，产品的物料清单（Bill of Material，BOM）是确定的，且原材料采购的时间周期也是确定的，学生可以通过明确的生产计划，准确地计算出所需原材料的种类和数量，以及相应的采购时间。

实现“零库存”，说明已经可以熟练掌握生产排程，但是“零库存”管理是基于未来需求不变的情况所做的安排,而实际经营中,经常会利用柔性生产线转产来调整已有的一些生产计划以应对市场的变化。追求绝对的"零库存",就会产生一个问题:不能根据市场订单情况及时灵活地调整生产安排。因此,在有柔性线的情况下,原材料采购计划应该多做几种方案,取各种采购方案中出现的原材料需求量最大值。做好原材料的灵活采购计划、"百变库存"管理,是保证后期机动调整产能、灵活选取订单的基础,同时需要兼顾资金的周转率,才能发挥出柔性生产线最大的价值。

8.1.6　紧急采购策略

紧急采购规则相对不被重视,甚至很多学生都忽略了它的存在,认为一旦涉及,就是亏本的买卖,不能做。事实上,恰恰是这么一个不起眼的规则,在市场选单和竞单过程中,可以发挥出奇兵的重要作用。

例如在选单过程中,第五年和第六年的国际市场, P1 产品均价可以达到 6M,而这个时候, P1 产品的紧急采购价格也就是 6M。这就意味着,选单时如果出现大单而自己产能不够,完全可以利用紧急采购来补充;另外,还可以利用这种类似代销的模式,扩大在该市场的销售额,从而帮助企业抢到"市场老大"的地位。同样,别的产品也是如此,通过紧急采购可以在无形中扩大自己的产能。

另外,在竞单规则中,由于产品最大销售价格可以是该产品直接成本的 3 倍,因此,如果接到的订单是直接成本 3 倍的价格,即使产能不够,也可以利用紧急采购来弥补。同时,因为紧急采购是随时可以购买,即买也可以即卖,所以,还可以在交货期上占有一定的优势。但是要注意,用紧急采购来交货并不是完全没有副作用的,即使在成本上没有亏损,也会导致现金变成了应收账款,因此,在使用该方法时要先做好预算,看现金流是否可以支撑。

8.1.7　产品研发投资策略

在实际操作中经常会发现,有的企业一上来还没考虑建生产线,就先投资研发产品结果出现产品研发完成了,可是生产线还没建成,导致无法正常生产;或者是有的企业生产线早早建好了,但是因为产品研发没完成,导致生产线白白闲置。

产品研发是按季度投资的,生产线的投资也是按季度投资建设的。那么最理想的状态应该是产品研发刚完成,生产线也刚刚建成可以投入使用。

P1 产品并不是从第一季度开始研发的,因为那样即使在第三季度研发成功了,根据生产线的投资规划,也没有生产线可以生产。P1 要到第二年第一季度才能完成投资,则生产线从第一年第三季度开始投资。

因此,产品研发投资与生产线建设投资是密切相关的,两者协调好才能使有限的资源得到最大程度的利用。

8.1.8　贴现策略

关于贴现,很多学生都认为是增加财务费用的罪魁祸首,只有在资金周转不顺畅的时候,才会无奈地选择它,因此,对贴现都抱有能不贴就不贴的态度。

是否真如此呢? 其实未必。与贷款相似,贴现是一种融资方式。贴现可以分为两种情况:一种是在现金流遇到困难时,迫不得已将应收账款或者厂房做贴现处理,如果不贴现,资金断流——属于被动贴现;另一种是主动贴现,如在市场宽松、资金不足的情况下,主动贴现以换取宝贵资金用于投入生产线的建设和产品的研发,从而达到迅速占领市场、扩大企业产能和市场份额的目的。在被动贴现的情况下,一直处于以贴还债的境地,这个季度的现金不够了,就要将下一个季度的应收账款贴现,虽然这个季度过去了,可是下个季度又会出现财务危机需要再次贴现,以致陷入连环贴现的怪圈之中。

而主动贴现则不同,往往是用于扩大企业生产规模和市场份额,追求效益最大化。贴息和利息一样都属于财务费用,从财务角度来看,只要创造出比财务费用更高的利润,就是有价值的。

8.1.9 季末数据对账策略

一个有经验的团队,都会在一年操作之前做好全年预算。但在具体执行时偶尔也会出现较低级的操作失误,如忘记在建工程继续投资、忘记下一批生产等情况,如果到年底才发现,很可能已经造成无可挽回的损失了。因此,每个季度末的对账工作,是对该季度计划执行的一个检验,可以帮助各个企业及时发现问题,尽早想出对策。季末盘点现金的另一个重要作用是通过分析季末现金,大概计算出企业的资金周转率。很多新人在经营初期都喜欢放很多现金在手上,觉得有“安全感”,事实上,现金是流动性最好、收益性最差的资产形式,就是再多的现金握在手中,无论多少年,也不会增加。现金对于企业来说就像是人的血液,万万不能缺少,现金流一旦断流,意味着企业马上会陷入破产的境地。因此,在保证现金流安全的前提下,应尽可能降低季末结余现金,提高资金的周转率,甚至在计算精准的前提下,将季末现金做到零,这时就表示企业已经把所有的资源都用到了极限。

8.1.10 商业情报收集/间谍

“知己知彼方能百战不殆”,自古兵家谋略都极其重视竞争对手的情报收集。沙盘虽小,但要想在激烈的竞争中脱颖而出,除了规划好企业自身的运作,还必须收集商业情报,时刻关注对手,针对其弱点制定相应的打击策略。

对商业情报应该了解什么?简单地说,就是把别人的企业当成自己的企业来关注,通过间谍和观盘时间,尽可能多地记录下对手的信息,如现金流、贷款额度、ISO 资质认证、市场开拓、产品研发、原材料的订单和库存、产品订单详情、生产线的类型和成品库存等,然后逐个分析,找出真正的竞争对手。

其中,最重要的是能够分析提炼出竞争对手各种产品的“产能”和“现金流”,这两个要素在市场选单博弈中最关键。通过分析竞争对手的生产线情况以及原材料采购情况,可以推测出竞争对手的最大产能及可能进行的转产计划,甚至是每个季度可以交付哪些产品。只有这样才能在选单或者竞单博弈中,推断出竞争对手的经营策略,并针对其产能采取遏制或规避战术。同样,对现金流的密切监控,可以分析出竞争对手可能投放的广告量及拿单策略。

这些信息都能为自身的决策提供重要依据。

订货会中,除了做好自己的选单,同时还要密切注意主要竞争对手的选单情况,不仅要记录他们销售的产品数量，还要对其交货期和账期进行密切关注和做好记录。尤其在有竞单规则的比赛中，关注对手的选单情况，就可以分析出他们在竞单市场的拿单能力，从而可以有针对性地制定竞单策略。

8.2　典型策略

8.2.1　P1、P2 策略

策略的研发费用较低，仅 6M，能有效地控制住综合费用，进而使利润、所有者权益能够保持在一个较高的水平，这样对于后期的发展非常有利。按照以往的经验，第一年的所有者权益控制在 44~45M 最佳，第二年实现盈利后，所有者权益会增至 57M 以上。笔者就曾以此策略在第三年扩建成 10 条生产线，这是迄今为止扩大产能速度最快的一种策略。即便经营环境恶劣到第二年一个产品都没有卖出去，依然可以轻松坚持到下一年。如果要迅速扩张，以产能来挤压竞争对手的生存空间，该策略无疑是最优的。

该策略的优势非常明显，但劣势则不易察觉。使用该策略可以在前期创造很大的优势，但在后期通常会神不知鬼不觉地被超越，这类例子下到普通训练赛、上至国家级比赛不胜枚举。原因有两个：一是 P1、P2 策略在后期缺乏竞争力，利润显然不如 P3、P4，被所有者权益相差 20M 以内的竞争对手反超不足为奇；二是当学生用此策略建立起前期优势后，难免有些心理上的松懈，赛场如战场，形势可能一日数变，如果缺乏足够的细心和耐心处理竞争对手的信息，被对手在细节处超越的可能性也是很大的。

该策略关键操作步骤：以 60M 初始权益为例，操作如下（本操作步骤只做一般性参考，切不可犯教条主义的错误）。

1. 第一年

第一季度：研发 P2 扣 1M，管理费扣 1M，现金余额为 58M。

第二季度：购买小厂房 30M，新建 2 条 P1 自动线、2 条 P2 自动线扣 20M，研发 P2 扣 1M，管理费扣 1M，现金余额为 6M。

第三季度：借入短期贷款加 20M，订购原材料 R3 数量为 2，建生产线扣 20M，研发 P1、P2 扣 2M，管理费扣 1M，现金余额为 3M。

第四季度：借入短期贷款 40M，订购原材料 R1、R2、R3 数量分别为 2、2、2，建生产线扣 20M，研发 P1、P2 扣 2M，管理费扣 1M，开拓全部市场扣 5M，开发 ISO 9000 扣 1M，现金余额为 14M，所有者权益为 44M。

2. 第二年

年初本地 P1 投 1M，P2 投 3M；区域 P1 投 1M，P2 投 3M。借入长期贷款 10M。

第一季度：到货原材料 R1、R2、R3 数量分别为 2、2、2，扣 6M；订购原材料 R1、R2、R3 数量分别为 2、2、2，生产 2 个 P1、2 个 P2，管理费扣 1M，现金余额为 25M。

（以下省略）

第四季度：市场开拓国内、亚洲、国际；开发 ISO 9000，ISO 14000 视权益的多少而定。在卖出 6 个 P1、5 个 P2 后最终权益可以达到 57M。

3. 第三年

第三年的货款全部贷出，将所有应收账款拿出贴现，订单应多接小单，最优是每季产出就能卖出，其余细节就不赘述了。

该策略使用环境：主要用在初学者的比赛中，当竞争对手大多采用 P3、P4 时也可运用该策略。

8.2.2 P2、P3 策略

这套策略可以称为攻守兼备，推荐选择 2 条柔性线，P2、P3 各有一条自动线。

此策略的优势在于参赛者可以在比赛全程获得产品上的优势：P2 在第三和第四年的两年毛利可以达到 5M/个，这时可以用 3 条生产线生产 P2，达到利润的最大化；后期 P2 的利润仍然保持在 4M/个左右，而 P3 利润为 4.5M/个左右，差距不是很大。此外，P2 柔性线转产可使后期 P2 只有一条，极大地增加了转产其他产品的机动性。所以，该策略的优势概括起来就是全程保持较高的利润，无论战况如何都能处于一个有利的位置。

这套策略虽然可以使企业经营趋于一种稳定的状态，但倘若想要有大的作为，必须再添几分筹码，如后期扩张时多开几条 P4 生产线。

这套策略关键操作步骤：因为 P3 最快也要到第二年第三季度才能投入使用，所以应该把一条 P3 生产线设置在第三季度刚好能够使用，这样才能最大限度控制现金流。

倘若参赛者考虑到广告等问题，觉得在第二年生产 P3 没有什么必要，也可以缓一下，到第三年再生产 P3，这样可以省下一条生产线的维修费用，折旧也可以推迟。需要注意的是，这里也要做到生产线和研发的匹配，严格控制现金流。

第一年市场可以考虑不全开，因为产品的多元化已经能够起到分散销售产能的作用，大可不必亚洲、国际市场全开；ISO 方面，P2、P3 对于 ISO 14000 要求不严格，可以暂缓，但是 ISO 9000 一定要开，因为第三年市场往往会出现 ISO 9000 标志的订单，拥有认证就能占得先机。

第二年由于市场较小，P2 产能过大，可以考虑提高 P2 广告费，建议初学者每个市场 4M、5M 就足够了，高级别比赛则要仔细斟酌。

这套策略使用环境：当所有产品的对手分布比较均衡，或者 P1、P4 市场过于拥挤时，可以使用此策略。

8.2.3 纯 P2 策略

P2 是一个低成本高利润的产品，前期倘若能卖出数量可观的 P2 产品必定能使企业腾飞。开发 P2 产品所需成本仅为 4M，而 P2 产品利润均在 3.5M 以上，最高的在第三和第四年的两年，单个产品利润可以超过 5M，即便后期的第五和第六两年 P2 产品的利润也在 4M 以上，倘若可以在前期拿到足够的订单，便可以迅速崛起。

由于 P2 产品的利润相当高，觊觎这块肥肉的人自然不在少数，所以极有可能造成市场紧张，以致拿不到足够的订单，风险颇大。

前期由于市场比较紧张，所以推荐小厂房，第二年开发完成 3 条 P2 产品生产线，第三年再加 1 条。

第二年的广告多多益善,但总额最好不要超过 10M。

市场开拓方面建议全部开拓,在第 1 年的时候 ISO 9000 可投可不投,第四年再开也无妨。前期不要开 ISO 14000,可在第四年以后开。

扩展生产线速度要快,能多快就多快,因为战机就在第三和第四年两年,不可放过, P2 产品的市场不是很紧张就好,P2 产品生产线占总体的 40%以下均可使用。

8.2.4　纯 P3 产品策略

P3 策略堪称经典的原因有两个:一是研发 P3 产品的费用不高,只有 6M;二是三年以后 P3 产品的市场颇为可观。

无论何种程度的比赛, P3 产品似乎都是一块鸡肋,表面上看来是“食之无味,弃之可惜”。但如果能够静下心来仔细揣摩参赛者的心理就可以明白,P3 产品前期不如 P2 的利润大,后期不如 P4 的利润大,况且 P3 产品的门槛不太高,这都是 P3 产品的明显缺陷。正是由于这些缺陷的存在才导致了 P3 产品从来不会过于显眼,所以使用纯 P3 产品的策略往往可以起到规避风险的效果,这样就可以大大降低市场广告费用的投放,也就变相提高了产品的利润。此外,P3 产品后期利润有所增加,市场很大,故而可以建成多条生产线。

因为 P3 产品的研发周期较长,所以第二年卖不出多少,第二年若真的要生产将会面临生产线维修等诸多问题,需要考虑周全。从第三年开始生产就会导致权益太低,前期被压制,心理压力大,一旦失手就会输掉比赛。因此,选择这种策略一定要沉着冷静,需要具备很高的心理素质。

此策略关键操作步骤:推荐在第三年生产 P3 产品,小厂房, 4 条自动线,这个时候市场很大,不需要多少广告投入就可以卖光产品。

市场要全部开拓,因为产品集中。

研发选择 ISO 9000,第三年要拥有资格,ISO 14000 可放弃。

如果生产 P3 产品的对手过多,可在四年以后增加两条 P1 产品生产线,以缓解压力。

在第二年生产 P3 产品也可以,因为这样在第三年可以比别人多产出一季度的 P3 产品。

此策略使用环境:在 P2 或者 P4 被普遍看好的情况下,或者参赛队生产 P3 总量不足需求量的七成。

8.2.5　纯 P4 产品策略

纯 P4 产品策略绝对可以称为一个险招,所谓“不成功便成仁”。

很明显, P4 产品的利润巨大,当每卖出一个产品都能获得比别人多 1M 以上的利润时,1 条生产线可以多出 4M, 4 条就可以多 16M。比赛前期的 16M 意味着什么? 意味着你可以多贷出 48M, 48M 的贷款就可以多建 3 条生产线,一般来说,前期的 5M 差距到后期就可以扩大到 20M 以上,何况 16M。此外, P4 产品还有一个优势就是要进入这个市场比进入 P3 市场难多了,不仅多了 6M 研发费用,原料成本也是很高的。所以,如果竞争对手不在初期进入市场,后期基本进不去,一旦前期确立了优势,那就意味着胜利到手了。而且 P4 产品的单价极高,倘若比赛规则中有“市场老大”,则使用纯 P4 产品策略可以轻易占据“市场老大”的地位，从而以最低的广告成本选择最优的订单。

因为纯P4产品策略的前期投入很大，会损失大量的所有者权益，所以往往要采用长期贷款的策略，这就背负上了很大的还款压力。而且P4产品的市场容量较小，一旦前期竞争对手较多则可能导致优势减弱或者全无优势，陷入苦战之中，那么结局就会很悲惨了。

此策略关键操作步骤：前期需要借长期贷款，对于初学者来说贷款超过150M，控制长期贷款的利息是很困难的，一定要小心谨慎。

也可以使用短期贷款，但真的很困难，不建议初学者使用。

倘若竞争对手很多，一定要在市场上挤垮竞争对手，因为P4产品在前期市场比较紧，只要有一次接到不合适的单子就很难生存下去，能坚持到最后的才是王者，所以，千万不要吝惜广告费。

如果运用短贷，那么前期一定要控制权益，ISO不要开，市场可以缓开一个，等到第三和第四年缓过来再开不迟。

此策略使用环境：P4产品的市场不是很挤，P4产品生产线占总生产线的25%以下可放心使用。

8.2.6 P2、P4的策略

这套策略可以视为保守的P4产品策略，道理浅显易懂。

前期在P4产品订单不足时可以将一定的产能分散到P2，保证了第二年的盈利，这样就可以解决纯P4产品全借长贷的问题，至少可以部分使用短期贷款。第二年的利润大大增加，扩建生产线的速度可以提高。此外，P2产品、P4产品的搭配对于夺得“市场老大”也是很有优势的，两个产品进攻同一个市场，一般对手根本挡不住。

前期研发费用有16M，太高了，而且生产这两种产品的生产成本很高，资金周转速度太慢，需要较高的控制水平。

此策略关键操作步骤：第一年短贷在第三和第四季度各借20M，第二季度买小厂房30M；两条P2生产线，第二季度开建，第四季度完成投资；建两条P4产品线，第四季度开建，下年第二季度完成；市场开4个，ISO不开，保持40M的所有者权益。

第二年广告费尽可能少投，长贷不借，各季度短贷分别为20M、40M、40M、20M，市场全开，ISO视所有者权益的多少进行开拓，所有者权益在47M以上可以全部开拓。

该策略适用于有“市场老大”且P4产品竞争对手较多时，当然也要根据市场环境适当进行调整，灵活把握，避免犯教条主义的错误。

8.3 团队协作

在ERP沙盘模拟过程中，每一个团队成员的相互信任、合作是很重要的，虽然会遇到一些难题，但都会在大家的共同协商、努力下得到解决。在选择战术或方法时，争取得到团队的认可，否则，易造成执行上的偏差或团队的瓦解；若实在不能达成一致，也得用事先商量好的决策程序解决。分工协作是非常重要的。应该在决策前从自己所负责的方面提出建议，以利于形成正确的整体对策。一旦形成决议，就要形成“执行力”。

8.4　对经营规划的再思考

1. 从错误中学习,在失败中成长

在模拟经营过程中,不要怕犯错和失败,学习的目的就是为了发现问题,并努力寻求解决问题的手段。在学习过程中,往往是谁犯的错误越多,谁的收获就越大,认识也越深刻。不会在失败中找出经验教训的人,通向成功的路是遥远的。所以,要保持积极乐观的心态,一个人如果心态积极,乐观地面对逆境和接受挑战,那么就成功了一半,尤其是在竞赛中,冠军只有一个,除了冠军也许都会有些失意,这很正常,成长需要磨炼。

2. 知己知彼,百战不殆

在制定战略和执行过程中,千万不要忘记竞争对手,竞争对手的市场开拓、产品研发、ISO 认证、产能大小、现金多少甚至广告投放习惯都是必须关注的,只有对竞争对手有正确的评估才能准确地推断出其战略意图,从而避实就虚,寻求战略优势。

3. 一切用数据说话

力求精通规则、计算深远,看懂市场预测和会计报表,科学的决策依靠周密严谨的计算和翔实可靠的数据支持。否则,一切跟着感觉走,结果只能是沦为"四拍"式管理——拍脑袋决策、拍胸脯保证、拍大腿后悔、拍屁股走人。

4. 稳中求进,不可贪胜

模拟经营的前期注重战略,后期讲究战术,但是如果战略不好,再好的战术也派不上用场,所以前三年是竞争的关键,此时企业资源较少,必须量力而行、循序渐进。产能的扩张必须以市场需求为依据,以现金预算为基础,以发展壮大为目标,以稳健适度为原则。可以说,能够自然流畅地展开各项资源的企业,必然会在竞争中占据优势地位。墨守成规、不思进取不可能发展企业,但那种急功近利、试图一蹴而就的心态更是经营的大忌。